讲解的艺术

如何把复杂的问题讲明白

THE ART OF EXPLANATION

How to Communicate with Clarity and Confidence

[英] 罗斯·阿特金斯 著
Ros Atkins

中国青年出版社

图书在版编目（CIP）数据

讲解的艺术：如何把复杂的问题讲明白 / (英) 罗斯·阿特金斯著；那祁译. -- 北京：中国青年出版社，2025. 5. -- ISBN 978-7-5153-7732-2

Ⅰ. H019-49

中国国家版本馆CIP数据核字第2025RD7759号

讲解的艺术：如何把复杂的问题讲明白

作　　者：[英] 罗斯·阿特金斯
译　　者：那　祁
策划编辑：丁　兴
责任编辑：于明丽
装帧设计：丁　兴
美术编辑：杜雨萃
出　　版：中国青年出版社
发　　行：北京中青文文化传媒有限公司
电　　话：010-65511272 / 65516873
公司网址：www.cyb.com.cn
购书网址：zqwts.tmall.com
印　　刷：大厂回族自治县益利印刷有限公司
版　　次：2025年5月第1版
印　　次：2025年5月第1次印刷
开　　本：880mm × 1230mm　1/32
字　　数：216千字
印　　张：9
京权图字：01-2024-3022
书　　号：ISBN 978-7-5153-7732-2
定　　价：59.90元

献给萨拉、爱丽丝和埃丝特

目　录

引言　讲解是一门艺术　/ 007

第一部分　高质量讲解的十大要素　031

第二部分　了解你的受众　073

第三部分　七步讲解法　095

第1步　设定框架　/ 097

第2步　搜集信息　/ 102

第3步　提炼信息　/ 111

第4步　组织信息　/ 118

第5步　串联信息　/ 133

第6步　精简打磨　/ 161

第7步　传达呈现　/ 170

第四部分　七步动态讲解法　207

第 1 ~ 3 步　准备信息　/ 212

第4步　组织信息　/ 213

第5步　口头表达　/ 216

第6步　强化记忆　/ 227

第7步　应对提问　/ 239

第五部分　快速讲解法　263

快速口头讲解法　/ 265

简短书面讲解法（邮件和消息）　/ 267

结　语　/ 281

致　谢　/ 285

引言　讲解是一门艺术

我们都清楚自己在以下情境中的感受：你正在发言，可能有人在东张西望，或者摆弄手机；你正在写文章，总感觉词句虽已组织好，但不确定它们是否准确地传达了你的意思；你发出了邮件，可能对方迟迟没有回复，或者回复中并没有回应你提出的问题。无论出于什么原因，我们所传达的信息既未达到预期效果，也未带来我们期望的回应。

讲解有助于我们改变这种情况。良好的讲解并不能保证你一定就能获得你想要的结果。你可能在讲解上做得无懈可击，但你仍然可能无法得到那份工作、达成那笔交易或赢得那场辩论。但当你以清晰、有力的方式传达自己的想法时，你就更有可能让他人了解你，并实现你的预期目标。

无论是在日常互动中，比如与孩子老师的简短交谈、给同事发邮件，还是与装修工人沟通，甚至在面试、考试、演讲、推介、论文答辩或棘手的谈话等重要时刻，清晰的讲解都能让情况变得完全不同。你正在消除阻碍他人理解你想要表达内容的障碍。只要在这一点上做对了，你就能极大地提升自己的信息传达方式。

讲解是一门艺术。在过去的三十多年里，我花了很多时间思考如何做好讲解，尤其是因为我在这三十多年的大部分时间里都在英国广播公司担任记者和主持人。我的工作就是设法将这个世界上发生的各种复杂新闻事件整理成形，并赋予其清晰性及相关性。不仅如此，我很快意识到，如果我想让任何新想法落地，就必须能够清晰地对其做出讲解。而每次讲解都要根据我要说服的人调整表达方式，以增强对他们的影响力。

这种对讲解新闻及自己想法的双重渴望，促使我在过去二十多年中，仔细钻研了我能发现的所有技巧，以使我的讲解更加完善——在实践中我不断测试、回顾、舍弃以及改进这些技巧。讲解已经成为我的热情所在。随着我不断深入研究如何更好地进行讲解，我发现其潜力远远超出了新闻工作的范畴。

当讲解做得好时，这不仅有助于我们明确自己想要表达的内容，收集并提炼出表达所需的信息，还有助于我们确定更有效的传达方式。讲解涵盖了我们所表达的内容、表达方式，以及与这些目标相关的一切。

近年来，我逐渐认识到讲解已经融入我们所有的经历之中。讲解不仅是一种使我成为更优秀新闻人的训练，而且现在我发现这是我们所急需的、强大的，具有普适性的技能。以下是掌握这项技能所带来的一些益处：

- 如果一名数学教师能够讲清楚方程式的复杂之处，那么学生就更有可能享受和理解数学。
- 如果你的一封邮件可以令人信服地讲清楚你为何需要做出某个决定，那么同事们就更有可能表示赞同。
- 如果一名学生能够组织信息并讲清楚一个知识点的重要性和

相关性，那么他（她）的成绩就会提高。

- 如果一名求职者能够讲清楚自己为什么适合这个职位，那么他（她）就更有可能获得这份工作。
- 如果一名医生能够讲清楚一种新型饮食方式的益处，那么患者就更有可能坚持下去。
- 如果一个政府机构能够讲清楚如何获得其服务，那么人们就更有可能使用这些服务。
- 如果一家公司能够讲清楚自己产品的优势，那么这家公司就更有可能取得成功。
- 如果一名创业者能够讲清楚自己的商业创意，那么他（她）就更有可能获得投资。
- 如果一家剧院的网站能够讲清楚票务流程，那么其收到关于此类问题的邮件就会减少。
- 如果一名建筑商能够讲清楚他们能做什么以及何时完工，那么客户对他们的工作就更有可能感到满意。

此类例子不胜枚举。讲解涉及我们生活的方方面面。

从关乎健康这样根本的事情，到一场重要的求职面试，再到日常生活中的节省时间，高质量的讲解都能起到关键作用。随着我对其潜力的了解，我也意识到要想做到高质量的讲解其实并没有什么神奇的方法。相反，出色讲解是一系列互补行为的结果。如果这些行为协调一致，它们就能共同发挥作用，把你想要表达的任何内容传达出来。在本书中，我尝试分享自己关于如何做好讲解的所学与心得。

要想出色地做出讲解绝非易事。我从未将做到这一点视为理所当然。事实上，我深知，通过本书，我给自己设定了一个很高的标准。我确信会有一些时候你会觉得我本可以讲得更清楚一些。现实是，我们总是可以更好地做出讲解。毕竟，讲解是一门艺术而非科学。但这不该阻止我们尽可能地关注讲解的艺术。因为如果等闲视之，这可能会让我们付出代价。

每天，我都看到一些人有重要的事情要说，却无法讲清楚。例如，某些政客提出了一项新政策，但听他们讲完之后，我感到一头雾水；电子邮件中，我需要的信息埋藏在一大堆文字里；求职申请中，某人表示自己适合这个职位，但我找不到任何证据来支持这一点。你也一定能想到类似的例子。日常生活中，我们不可避免地会遇到各种糟糕的讲解。我确信这种情况一直存在。

然而，互联网改变了这种情况的后果。我们生活在一个充斥着无限信息的时代。2020年，哈佛大学的两位学者托德·罗杰斯（Todd Rogers）和杰西卡·拉斯基–芬克（Jessica Lasky-Fink）在《波士顿环球报》（*Boston Globe*）上撰文称："普通职业人员每周要花28%的工作时间（超过11个小时）来阅读和回复电子邮件。普通人每天通过即时通信软件沟通超过90次。"当我看到这些数据时，既感到震惊，又觉得毫不意外。这些数据对我来说是真实的，对你来说或许亦不陌生。

罗杰斯和芬克继续写道："每收到一条消息都会占用那些已经忙得不可开交的人的时间和注意力。"

向我们涌来的不只是消息。我们还有很多其他信息来源可以选择——从流媒体电视到播客，再到游戏，以及无数的网站和应用程序。我们全天候在线生活的利与弊，留待另一本书来探讨，但出于讲解的目的，事实是你想要传达的信息正处于极其激烈的竞争环境中。你不仅需要吸引他人的注意力，而且当你吸引到他们的注意力后，你需要让你说的话有分量。我从未忘记要做到这一点有多难。我的出发点是，我们所面临的形势对我们非常不利。

当我制作一期讲解视频时，我会从没有人会观看的角度出发。我不会假设人们会对这个话题感兴趣，或者即使他们感兴趣，也想要听听我的看法。我也不会假设，如果他们开始观看，他们就会一直看下去。

换言之，我的出发点是，成功的讲解——这里指的是梳理信息、组织信息、传递信息，并使其被理解，必要时还要促使受众根据信息采取行动——是我在每一步都要为之努力争取的东西。这并不意味着如果我在演讲或写一封大字号的电子邮件时，就必须以浮夸的方式吸引他人的注意力。以这种方式引起注意，对我不会有任何帮助。相反，我尽量创造出清晰明了、重点突出且切中要害的讲解，让讲解本身就值得受到关注。因为讲解是双向的。讲解者希望能够传达信息，有时也为了推动某种行动。而接收者也希望这种讲解是优质的。糟糕的讲解需要更多时间去消化，而且不能帮助我们理解讲解所传达的内容，因而这种讲解极其低效。考虑到所有向我们涌来的信息，我们既不想成为糟糕讲解的接收者，也不想成为糟糕的讲解者。

然而，这一切仍处于不断完善之中。随着我们周围信息量的激增，我们的传达方式并不总是能应对这一挑战。一旦你开始注意到糟糕的讲解，你就会发现它们无处不在。你或许能够想起自己做过的糟糕讲解——无论出于何种原因，你未能把你想让他人知道的信息传达给他们。也许你没有在会议中清楚地阐明自己的观点，抑或你撰写了一份简报，请求上级对某个项目提供支持，但未能明确说明你希望对方具体要做些什么。正如你即将看到的那样，我可以想到很多次自己都没有做到这一点。

要明确的是，出现这种情况并不一定是因为我们所传达的信息缺乏趣味性、相关性或重要性。这些信息可能具备所有这些特质。但仅仅有高质量的信息是不够的。

收集信息只是第一步。接下来我们需要考虑这些信息将被用于何处、有多少空间可用、哪些信息最为重要，以及如何让这些信息尽可能易于接受和消化。

如果我正在报道或讲解一个新闻事件，我可能掌握了关于这个话题的全部或部分信息。但如果我无法以一种让人愿意观看、并且能够理解的方式来传达这些信息，那么这些信息又有什么价值呢？事实上，如果我把我所掌握的每一条可靠信息都传达出去，反而可能会让观众抓不到重点。对我来说，近年来的一个重要领悟是，我开始明白，我曾做过的很多事情无形中妨碍了我的讲解。

这不仅适用于新闻报道，也适用于我们生活中许多方面的讲解。如果我们疏忽大意，我们所做的关于传达哪些信息以及如何传达信息的选择，可能会与我们想要达成的目标背道而驰。

或者，让我们从更积极的角度来看待这个问题：想象一下，当你能够梳理出最佳且最相关的信息，并尽可能有效地将其传达给你希望传达的人时，所能带来的可能性。我已经见识了这样做的好处。

讲解是一种强有力的表达形式，它融合了明确的目的、清晰的语言，以及精炼的关键信息——这一切都需根据目标受众进行精准调校。**那些在讲解上做得好的人可以脱颖而出。**

从实用层面来看，有效的讲解有助于你完成任务，并为你和他人节省大量时间。从更根本的层面来看，有效的讲解可以改变你与他人互动的方式和你的自我呈现方式。一个好的讲解可能就是决定性的因素，这就是讲解令我如此着迷和热衷的原因。

在过去的三十年里，我逐渐打磨出了一套讲解系统，以帮助我梳理信息、组织信息，并以我所希望的清晰、简洁、易懂的方式来传达信息。在本书中，我将与你分享这套系统。该系统适用于各种情况。无论是为一场正式演讲或考试做精心准备，还是在与同事意外交谈前的30秒内，这套系统都能派上用场。我的事业就建立在这套系统之上，并且我每天都在使用。坦白说，如果没有这套系统，我简直不知道该怎么办。正如它帮到了我一样，我也希望它能对你有所帮助。

发现讲解的力量

我构建这套讲解系统并不是出于好奇，而是出于迫切的需要。这是我一度为了摆脱困境而做出的努力。

回到20世纪90年代，毕业后的第二年，我还处于待业状态。我当时住在剑桥，除了观看《杰瑞秀》[1]（*The Jerry Springer Show*）以外，我对任何事情都提不起兴趣，包括找工作。我缺乏自信，没有钱，面对自己的困境我一筹莫展。

不过，我当时确实有一张王牌可打。毕业后，我曾和我当时的女友一起去了南非生活。时值曼德拉当政时期，后种族隔离时代的各种可能性还处于初步探索阶段，而犯罪问题也成为当时人们普遍关注的焦点。我找到了一份政策研究员的工作，每天开车从郊区去市中心的办公室时，我都会准备好硬币，以便从街边买一份报纸。一进办公室，我就会把报纸摊在桌上，从头到尾仔细阅读：劫车案、警务改革、南非晋级1998年世界杯、英国与爱尔兰雄狮橄榄球队来访，以及曼德拉主政等。我一直想成为一名记者，而南非有太多故事要讲。

[1]《杰瑞秀》是一档以讨论隐私和争议性话题为主的美国电视脱口秀节目。——编者注

周末，我养成了沿街闲逛和买《星期日独立报》（*Sunday Independent*）的习惯。当时，这份报纸与英国的《独立报》（*Independent*）隶属于同一家公司。当我还是一个少年时，我就喜欢看威廉·利思（William Leith）和佐伊·赫尔（Zoë Heller）的专栏，还从《星期日独立报》上剪下照片贴在卧室的墙上，因此我立刻就被这份报纸的南非版所吸引。

《星期日独立报》的主编是约翰·巴特斯比（John Battersby）。他坐在一张大办公桌后面，神情举止就像一个见过无数新闻事件，却依然对下一个充满兴趣的人。让我没想到的是，他刊登了我写的一篇关于警务问题的评论文章。几个月后，我打电话问他，我是否可以在周末到报社帮忙。他欣然同意了，在接下来的几个月里，随着我的签证和恋情都即将到期，每逢周五和周六，我都会积极参与报社的各项事务，做些自己力所能及的事。那时，我还经常去做DJ，所以有一段时间，我白天做记者，晚上去打碟。这种“混搭”生活，我此后再也没经历过。

这种生活状态持续了一段时间，当我要回英国的时候，约翰好心地为我写了一封推荐信让我带上。这就是我前面所说的那张王牌。这封推荐信是写给他在伦敦的《独立报》同事的。

1998年的夏天，我把这封推荐信寄了出去。几天后，我接到一个让我去面试的电话。当时的我正苦于找不到工作，这是一个极为难得的机会。

在面试前的几天里，我一边听着直播5台的节目，一边读了大量文章。我已经在新闻方面做了功课。但我对穿什么衣服去面试却拿不定主意。于是，我穿了一身精致休闲的服装，准确地展现了一个还搞不清楚自己该做什么的年轻人的样子，搭上了南下的火车。

当时，《独立报》的总部位于伦敦的金丝雀码头。我进入办公楼，乘电梯上去，随后被领进一间角落里的办公室，那里视野与在那里工作的人的地位相匹配。

“那么，你想为我们做些什么？”坐在桌后的人问道。我无法准确地告诉你这个人是谁，这足以表明我有多想忘掉那几分钟。

我知道自己当时说了话，因为我记得自己确实开口了。但我的回答却一团糟，充满了模糊的希望和观察。

我不知道自己该说什么、为什么要说、如何说、对谁说，以及希望从对方那里得到什么回应。我对那天印象最深的就是感觉自己的机会正在溜走。不是在对话结束时，而是在回答第一个问题过程中。现在，当我写下这些时，那种感觉依然清晰。随着谈话的进行，我意识到自己并没有表达清楚，而这会让我付出代价。事实确实如此。会面几分钟之后，气氛就变得沉闷起来，很快我就回到了电梯里。他们当时还算客气，并没有当场拒绝我，但我知道自己没有机会为我所仰慕的这份报纸工作了。

这让我备受打击。我没能去过金丝雀码头工作，而是在一家卖咖啡豆和咖啡机的商店找了份兼职。有几个月的时间，我的生活就是称哥伦比亚咖啡豆、看日间电视节目，偶尔打打碟、打打壁球。我有足够的时间去反思为什么自己在职业道路上始终难以起步。

我和我的朋友奥利在剑桥合租的公寓，离我曾经攻读历史学的学院只有几百米。当我反思自己未能把握住《独立报》的那次机会时，我开始回想起自己作为学生时的经历，试图从中找到一种更好的方式，来为那样的重要时刻做准备——从更大的层面来看，思考如何走出我当时的困境。

剑桥大学在20世纪90年代教授历史的方法既简单又令人振奋。每周，你都会拿到一个论文题目，内容是关于一个你几乎一无所知或知之甚少的主题。与题目一起发给你的还有一份书单，书单上的书有10~30本不等，并附着一句“下周见”。虽然也有讲座，但出于学术纯粹性的考虑，这些讲座的内容往往与我们要写的论文关系不大。这真的就是你、题目和书单之间的关系——加上一个额外的推动力，那就是，一周后，你需要提交一篇几千字的论文，然后花一个小时与一位将研究该主题作为毕生事业的学者讨论这个主题。

在我看来，如果没有计划，要想完成这个任务根本不现实。我需要的是一个收集、组织并重塑这些新鲜而庞杂信息的计划，以便我能够自信地用它们来讲解主题并围绕它来形成论点。也许其他人只需读读书、做做笔记、抓住几个关键问题即可。然而，我需要做的不仅仅是这些，在大学第一年那令人生畏的前几周里，我开始尝试采用一些可能奏效的方法。

我构建的这套讲解系统至今仍然是我主要使用的系统。当时我并没有意识到，帮助我讲解和分析19世纪欧洲社会主义或中世纪晚期欧洲神秘主义的方法，也可以在我生活中的许多其他方面派上用场——尤其是在我最需要推销自己的时候。

到了2001年，我不再痴迷于看《杰瑞秀》，并找到了几份不错的网站编辑工作。但互联网泡沫很快就破灭了，我经历了裁员。那年夏天，在失业期间，我每周一都会仔细看《卫报》（*The Guardian*）副刊上刊登的最新招聘广告，因为我迫切想要找到一份工作。

我还记得看到直播5台制作人职位招聘信息时的情景。一想到自己有多么渴望得到这份工作，我就会感到胃里一阵抽搐。我是直播5台的忠实听众，如果让我选择在一个地方做记者，那么一定是那里。

我也同样清楚地记得面试的房间，以及在里面时的感觉。我已从之前《独立报》的面试经历中吸取了教训。到这时，我已经意识到，帮助我顺利度过大学生活的讲解系统，也可以帮助我应对人生中最重要的一次面试。面试结束后，我确信自己已经得到了这份工作。我知道我做到了清楚而准确地阐述自己的想法。我不仅成功地回答了被问到的问题，而且在回答过程中，有效地传达了事先准备好的信息。

“讲解”帮助我进入了英国广播公司，二十多年过去了，如今这一技能不仅是我在公司所从事的新闻工作的基础，也是我能够创造机遇的基础。我在大学里构建的讲解系统帮助我完成了学业，帮助我找到了一份我喜欢的工作，然后又帮助我把这份工作做好。这套讲解系统在新闻编辑室之外的很多方面也同样帮到了我。

我最近因病住院五天。我去看了各种心脏病专家，有一段时间，这让我很担心。由于疫情的原因，没有访客，因而我在接受一系列检查，并感到极度忧虑的同时，还要处理与医生的会面。他们经常是临时通知，当我被告知即将有一场会面时，我会拿起笔和记事本，把桌子拉到床边，迅速完成我在工作中使用的讲解步骤。这样做有助于我组织好我想要说的、想要问的，以及我的诉求。特别是在我状态不佳的时候，这样做特别有用。当我去医院进行后续检查时，我多次使用了同样的方法。这只是其中一个例子，我还可以给出更多这样的例子。

当我想看看文学经纪人威尔·弗朗西斯（Will Francis）是否愿意签下我时，我使用了同样的讲解系统来准备与他的谈话。在我们与出版公司会谈之前，我也使用了这套系统。在写这篇引言时，我依然使用了这套系统。可以说，我随时都在使用这套系统。

我开始构建这套系统的时候还是一个毫无经验的康沃尔少年，当时正在剑桥求学的我，还不知道该如何写自己的第一篇论文。这套讲解系统如今已经演变成了一套多用途的系统，是我每天都在使用的工具。我希望它也能对你有所助益。

讲解的核心地位

2010年，纽约大学与非营利性新闻机构ProPublica开展了一个联合实验项目，旨在探索做“新闻讲解者”的新方法。当时我并不知道这个项目，但现在回想起来，其提出的目标与我撰写本书的原因，以及讲解在我们生活中的许多方面占据核心地位的原因息息相关。

一篇关于该项目的报道告诉我们：“将各种复杂系统清晰化，让非专业人士也能理解，这就是讲解者的‘艺术’。”负责该项目的纽约大学教授杰伊·罗森（Jay Rosen）在接受采访时说：“优秀的讲解者不仅提供信息，还要有吸引力。”他接着概述了讲解者如何“填补了你理解上的空白，即缺乏必要的背景知识”。

我喜欢这里提到的观点，即强调讲解者既要提供信息又要吸引人，要让复杂的话题变得容易理解，以及要补充“必要的背景知识”——正是这些背景知识让我们明白某件事为何重要。

我认同上面提到的所有特质。但除此之外，我还会提供一个更广泛的定义。在我看来，一个好的讲解应该包含所有针对特定话题需要告诉受众的信息。

有时候，这仅仅意味着一些简单的细节。比如，当我写这篇引言的时候，我们正在为小女儿埃丝特的生日派对做准备。其他家长需要知道派对何时开始、持续多长时间、在哪里举办等信息。这些信息必须清晰明了，便于查找，然后我们的工作就完成了（至少在派对开始之前……）。

然而，如果我在帮忙组织一次为期一周的学校旅行，就需要提供更多的细节。

或者，当我在工作中撰写一篇新闻报道时，受众需要知道的内容可能包括事件的最新进展，以及一些相关的历史背景。我们可能还需要收入政治反应或新的数据。

无论是新闻报道、儿童活动，还是介于两者之间的任何事情，问一问自己："我要讲给谁，他们需要知道些什么？"

这个问题对我来说非常重要。大约在2010年左右，也就是ProPublica和罗森教授开始对讲解进行研究的时候，我从主持电台节目转向主持电视节目，开始主持大量传统的半小时电视新闻节目。你应该很熟悉这种节目形式——头条新闻、预先制作的报道、与记者的现场连线、当天最有看点的画面、偶尔的一场采访，诸如此类。这种节目形式几十年来取得了巨大成功，至今仍是电视新闻的主要呈现形式。当我坐在演播室里熟悉这种新的媒介时，我不可能不注意到我通过手机获取的新闻和我向观众提供的新闻之间的差异。

在手机上，我可以轻松地在各种各样的信息源和内容类型之间切换。让我们想象一下，一座城市发生了爆炸：我可以阅读一名目击者的推文，在YouTube上观看一些当地电视台的报道，查当地的地图，读一篇关于该城市现有紧张局势的文章，看一名摄影师发在社交媒体上的照片，看新闻机构发布的实时视频，持续关注一名在警方封锁线附近的竞争对手媒体的记者，以及了解当地政府的反应。这份清单甚至还不够全面。我还可以根据自己的需求在各种信息源之间切换。这种实时的、多来源的信息组织与获取方式——你可以将其视为一种以新闻为核心的浏览方式——正在迅速成为许多人通过手机和电脑追踪新闻的主要方式。

坐在电视演播室里，假以时日，我们有可能将所有这些信息源纳入我们的报道中。但当下传统媒体要做到这一点却很难。电视节目的制作流程非常复杂，我们的制作系统要想将这一系列信息快速传达给观众几乎是不可能的。正是这些现实层面的考量，限制了我们当下能纳入报道的信息量。因此，存在这样一种风险，即当观众面临是看我主持的电视节目还是看手机的选择时，他们可能会选择后者，而把我主持的节目关掉。

这似乎既是一个问题也是一个机遇。问题显而易见：如果某人可以从手机上获得更好的信息，他们可能就不会转向我或我的同事们主持的节目。机遇在于：用一位前编辑的话来说，“我们正在为已经知晓新闻的人制作新闻。”某地发生了爆炸的消息迅速传遍了各处——从新闻网站到社交媒体再到即时通信软件。人们不再需要打开电视来被告知发生了什么事——他们打开电视是为了获取更多细节、背景信息、实时画面、精选内容，以及事件分析。随着我逐渐熟悉电视节目的制作流程，我不禁思考：“或许我们可以改变提供这些内容的方式。”

在随后的几个月里，我开始构思一档电视新闻节目，可以包含任何我们认为有价值的信息，无论其来源或形式。这并不意味着我们会使用每一条有用的信息——那样的话节目会变得非常冗长且低效——但我们现在有了选择的余地。而且我们还能快速做出选择。

我们中的大多数人都曾使用过实时新闻页面。新闻网站用它们来报道重大或突发事件，其他网站则用它们来报道足球比赛等。通常会有一个人负责发布来自各种信息源的最新信息和报道。他们会发布他们认为有助于你了解正在发生事情的所有信息。简单来说，大约十年前，我的想法是制作一个广播版的实时新闻页面，由我担任主持人，扮演实时新闻页面主持人的角色。我非常喜欢这样的呈现方式，即在观众面前建构一个故事或一个议题，然后对他们说："让我们从这里开始——但是要理解那一点，你们还需要知道这一点和这一点——要理解这些事情，你们还需要记住这一点。"我会在他们面前建构故事，引导他们逐步深入，直到最后他们了解新闻事件的全貌。总之，这就是我的基本想法。

公司采纳了这一想法。我们称之为"外部信息源"（*Outside Source*）（"外部信息源"是我们在新闻编辑室中使用的视频或音频源的术语；这也是对我们会利用任何信息来源的一种认可）。然后，公司出色的设计师、导演和工程师为我们设计了一块触控屏，使我们能够在新闻报道中添加任何类型的内容。现在，我们能够收入任何我们喜欢的内容。我觉得，这使我们在电视直播环境中提供高影响力讲解的机会大增。

当我们推出这档节目时，触控屏引起了一些人的注意，不出所料，一些推特用户提出了质疑，称这是"噱头"。对此我表示理解——电视行业之所以长期以来一直热衷于使用新技术，往往只是因为这个行业可以这样做，而非出于什么伟大的目的。不过，这些推文很快就销声匿迹了，因为无论你是否喜欢这档节目，触控屏显然并不是一个噱头。它让我能够以一种不同的方式来讲解新闻事件。

如今，触控屏已经为新的图形界面所取代，它为我们提供了相同的功能选项，不过在手机上看效果更好。但其背后的理念依然未变。

讲解就是提炼并有效地传达关于某个特定话题的所有关键信息。这一理念至今仍支撑着我在电视新闻节目中的主持风格，以及我在许多其他领域的信息传达方式。

如果退一步说，我还可以看到，讲解不仅对于《外部信息源》这档节目的理念法至关重要，也是这一理念得以实现的关键。在考虑这种形式能否取得成功之前，我需要向公司高层证明这种讲解方式值得投入资源。我原本对自己的想法很有信心，但仅仅有好想法是不够的。就像新闻报道一样，这不仅关乎你要表达什么，还关乎你的表达方式。

坦白说，我的第一次提案并不成功，之后的几次也同样如此。但在几年的时间里，我思考了哪些做法有效，尤其是哪些做法无效。我完善了陈述理由的方式，仔细思考如何阐述自己的想法，如何回应各种疑问和顾虑，以及为什么我认为这个想法有可能成功。不仅如此，我还思考了在何时何地提出这个想法——有时，以书面形式提出效果更好；有时，在非正式的交谈中提出效果更好；有时，则需要以更正式的演示形式提出。这并不能保证公司高层会同意。不过到了2013年，他们同意了。

争取《外部信息源》立项的经历，让我深刻认识到讲解在推动一个想法或抱负方面所起的作用。2016年，我开始做的一件事让我在更广的层面上认识到这一点。

示例

“50：50计划”是一项旨在增加媒体内容贡献者多元性的倡议。该计划最初在《外部信息源》节目中启动，随后在公司新闻频道和几乎所有公司的内容中推广，最后扩展到公司全球30多个分支机构中。

最初，“50：50计划”专注于增加新闻频道报道中的女性贡献者数量。当时，我觉得我们一直处于一种不断尝试的状态，即在新闻报道中平等地呈现女性，早已被视为一个值得追求且重要的目标，但我们或许也已经接受了，不可能实现这一目标的事实。实现平等呈现确实存在一些难以逾越的障碍，而这些障碍后来却成了无法实现平等呈现的理由。我希望看看我们能否将平等呈现视为不可妥协的条件，就像我们将公正、高质量制作或按时完成任务视为理所当然一样。我希望，如果我们能在像《外部信息源》这样的新闻节目中证明，50%的女性贡献者是可以实现的，也许这会促使其他节目参与进来。

我从一开始就很怀疑自己能否做成这件事。这并非由于我对女性在节目中实现50%内容贡献比例的可行性存疑。这也并非由于我觉得人们并不关心（显然，在此之前，已经有很多人在这方面做得非常出色）。这仅仅由于我不确信自己能说服忙碌的团队采用一种新的方式来处理这个问题。而且这完全取决于我能否说服他人。作为一名主持人，我肯定不是一个羞怯的人，但主持人毕竟不是主管或编辑，因而无法告诉任何人该做什么，而且我们也不应该这样做！就像推动《外部信息源》这个想法一样，这将取决于我能否很好地讲出理由。

50：50计划采用了一套简单的自我监控系统。在节目的主要制作人乔纳森·耶鲁沙尔米（Jonathan Yerushalmy）和丽贝卡·贝利（Rebecca Bailey）的帮助下，我们在《外部信息源》节目中成功地试行了这一系统。现在，我需要看看自己能否说服其他人也加入进来。

首先，我必须向他们讲解这一系统在实践中意味着什么。我努力使这一系统和我对它的讲解尽可能简洁明了且令人信服。接着，我列出了所有我认为他们可能会问到的问题，并写下了我的回答。

这些问题包括：

- 我们必须这样做吗？（不）
- 如果我们不喜欢这样做，可以停止吗？（是的）
- 这是一种硬性配额吗？（不）
- 需要多长时间？（每天不到5分钟）

其他需要更详细回答的问题：

- 观众在乎吗？
- 我们每天需要做些什么？
- 你为什么要这样做？

我多次向他人寻求建议，以确保我的回答合情合理，如果不合理，我就会做出修改。只有当我对自己的回答满意之后，我才开始向同事们讲出来。而当我这样做的时候，这些对话进行得很顺利，50∶50计划逐渐开始发展起来。

在经历一次又一次的谈话，一次又一次的会议之后，我逐渐达到了一种状态，即我觉得已经把自己在做什么、为什么这样做讲得再清楚不过了。我也学会了根据谈话对象来调整我的话语，因为不同的团队和不同的主管会有不同的疑问和顾虑。所有这些准备工作，并不意味着他人一定会表示赞同（有些人确实不会），但我再一次让自己更有可能实现一个想法。

这就是讲解的力量。如果我没有花时间思考如何讲解自己的想法，我认为《外部信息源》项目或50：50计划都不会落地，我也不认为我的那些讲解视频会诞生。2019年，我们在花了几个月时间深入思考这些讲解视频应该如何呈现，以及如何为它们争取认同之后，我们才着手制作。事实上，这两重挑战是相互交织的。在说服他人接受这一想法过程中，这个想法本身也变得更清晰、更成熟。

无论你试图说服他人接受什么，讲解都是必不可少的。讲解不仅能完善你表达想法、诉求或观点的方式，还能完善你所表达的内容本身。反过来讲，如果你所表达的内容和你的表达方式都得到了提升，那么你就更有可能获得理想的结果。

如果你像我一样，作为个体在努力争取某个组织的支持，那么这对你来说是个好消息。

如果你是一个领导者在争取员工的支持，那么这对你来说同样是个好消息。正如学者兼商业战略师露西·库恩（Lucy Kueng）教授所说："缺乏清晰性意味着更难获得认同。"或者反过来讲，只要你讲得清楚明白，你就更容易说服同事。

高质量的讲解有助于解决所有此类问题，甚至更多。这可以决定一个想法能否付诸实践，还是仅仅停留在想法层面；决定一个提议是否具有说服力；决定他人是否认为你的话有帮助；决定他人是否从你那里获得了充分的信息。高质量的讲解是我们信息传达方式的核心所在。

答案就在我们身边

讲解的方法有很多，有些方法对你来说会比其他方法有效得多。

好消息是，尽管我们周围充斥着糟糕讲解的例子，但我们也会遇到很多在讲解上做得很出色的人。当我们努力思考如何才能做得更好时，其实一些关于信息传达的最佳启示就在我们身边。多年来，我一直在留心收集。

2003年，我开始担任节目制作人。但在2004年底的一天，节目编辑找到我表示，一名主持人错过了火车，问我是否愿意代替他去主持。从那时起，艰巨的工作就开始了——讲解小布什的第二任期、阿拉法特的逝世、布莱尔首相任期的结束、伊拉克战争、2005年巴基斯坦地震……有数百个新闻事件，需要报道给那些可能对这些事件有所了解，但也可能知之甚少，并渴望了解更多的人。与此同时，你也清楚自己得让人们一直收听节目。你或许能够讲清楚，在内贾德与小布什执政期间，伊朗与美国之间紧张关系的细微变化。但是你能否以一种既准确又吸引人的方式来做这件事呢？

我开始研究信息传达与播报的细微之处。结果发现，我需要了解的很多东西就在我眼前。我能看到和听到谁在很好地讲解和传达。有时候听广播，我能听出主持人用了什么技巧；有时候，我能听出节目效果不错，但不确定原因。如果那位主持人刚好是我的同事，我就可以直接去请教。我开始尽可能地记下这一切：只要某个表达方式、句子结构或某种呈现方式奏效了，我就会将其记下来，自己也试着用一用。

这与朱利安·沃里克（Julian Worricker）给我的建议相得益彰，在我从未想过自己会成为主持人之前，我曾是其节目的忠实听众。在我为首次在直播5台主持节目而感到茫然无措时，朱利安好心地回复了我的求助邮件。“反复回听。”他告诉我。我这样做了。无论是偶然还是有意，我们都会做一些能够有效传达信息的事，也会做一些肯定无法有效传达信息的事。就广播和电视而言，我们有便利条件可以回听或回看。虽然在日常生活中，我们做不到这一点，但我们仍可以花时间去思考做某件事的效果。**如果我们不去有意识地思考哪些做法有效、哪些做法无效，那么下次就很难做得更好。**

在刚开始做主持人的那段日子里，我总是不停地向同事请教（我对他们的帮助一直心怀感激）。我广泛搜罗任何有助于我更好地讲解的技巧和思维方式。这些技巧和思维方式不仅来自新闻界，音乐界、娱乐界、喜剧界、商界和学术界也为我提供了灵感。每当我看到有人在传达信息时能够做到清晰而富有影响力，我就会观察他们的做法并记下来。如果这些做法对我有用，我就会将其纳入我在大学时就开始构建的那套讲解系统中。对于我觉得自己做得不错的地方，我同样会将其加进去。

我对这种做法的热情最初源于自己对新闻播报工作的一个基本认识：如果你希望自己的报道有人收听或观看，且对他人有帮助，你就必须清楚自己在说什么。如果受众关掉电视或收音机，那么无论你说什么都没有意义。

当然，我明白你可能不会出现在电视或广播中，但在日常生活中，我们所有人也都面临着同样的问题。你如何让他人始终专注于你在讲什么？而当他们专注听你讲时，你又该如何确保你所说的内容既有影响力，又真正有用？

这就是问题的关键所在。这也是这一点对我如此重要的原因。如果他人不听你说，或者没有听进去你想让他们听到的内容，我们有理由问为什么我们要花时间和精力去告诉他们？如果我们没有让自己更有可能被倾听和理解，那么我们传达信息的目的是什么？

起初，我出于讲解新闻的愿望而传达信息，但这已经演变成了更深刻的东西，即一项旨在了解如何有效讲解的使命。这一使命适用于讲解我熟悉的话题，也适用于讲解我在24小时前还一无所知的话题。需要提醒的是：有时候前者的难度可能超过后者。

我为改进自己讲解方式所采用的“广泛搜罗法”，意味着在我的脑海中，一系列人、时刻、问题以及事件都与我所使用的技巧和流程密切相关。正如你将在本书中看到的那样，我总是在搜寻灵感，无论在何处找到，我都会将其收入囊中。我希望阅读本书能启发你也这样做。

本书的使用方法

在四十岁之前，我的厨艺可以说是一塌糊涂。虽然我对美食感兴趣，但除了最基本的辣味炖牛肉或咖喱之外，我没什么能拿得出手的菜。整个烹饪过程让我望而生畏。

后来，我的妻子萨拉送给我一本名为《波斯菜》（*Persiana*）的烹饪指南，作者是萨布丽娜·盖约尔（Sabrina Ghayour）。这本书中的菜谱简短，配料清单相对简单，语言直白易懂。起初，我小心翼翼地开始尝试其中的一些菜谱。为了不让自己感到那么畏惧，我会专注于每一步，而非担心最终的成品。令我欣喜的是，我似乎真的做到了，而且我做的食物大多数时候颇为可口。

烹饪时，你可以先准备好食材，然后再决定要做什么菜。你也可以拿出一本烹饪指南，选择一道菜，准备好食材，然后跟着菜谱一步一步地做。在讲解上，存在一些类似的问题——你掌握了哪些信息？你还需要哪些信息？面向多少受众？

无论你已经处于这个过程的哪个阶段，本书都旨在为你提供帮助。如果你对自己的讲解能力很有信心，我希望能为你提供一些框架、灵感和技巧，聊作补充。不过，就像我面对烹饪时那样，有时你可能就是不确定从哪里开始讲解，也不知道如何开始讲解，那么本书就是为帮你解决这类问题而设计的。如果你能一步一步地按照这个系统来做，你很快就能获得信心和你想要的结果。

我将本书分为五个部分：

第一部分　高质量讲解的十大要素

我们首先需要明确我们的目标是什么。你可以从本书中看到我为高质量讲解设定的十条标准。这些标准是我在进行任何讲解时的指导原则。

第二部分　了解你的受众

没有任何讲解是孤立存在的。如果不考虑讲解的受众，我们就无法做好讲解。在这部分内容中，我们将探讨如何评估你的受众，以及如何根据他们的身份来调整你的表达方式。

第三部分　七步讲解法

这是我的讲解方法的完整版本。你将在这部分内容中找到详细的操作步骤以及我建议这样做的原因。该方法适用于任何大型任务，如演示、演讲、论文答辩或销售推介，以及写书面简报、论文或报告之类的任务。

第四部分　七步动态讲解法

在一些复杂多变、难以预料的情境中，清晰的讲解同样重要。这部分内容基于前面几部分内容，探讨如何将我们在可控情境中所获得的清晰性带入动态情境中。如果你正在准备面试、谈判、重要会议、研讨会、员工问答环节，或其他需要你清晰地做出讲解的重要场合，那么这部分内容就是为你而准备的。你可以比自己想象中更有掌控力。

第五部分　快速讲解法：口头与书面

以上两个版本的七步讲解法都是为了帮助你应对复杂且需要多方面考虑的讲解。然而，还有很多其他情况需要我们在没有太多准备的情况下，以更简短的形式进行讲解。日常生活中，我们经常会遇到需要迅速且清晰地讲出自己想法的情况。在这一部分，我们将探讨如何进行简短的书面或口头讲解，比如电子邮件、短消息、临时通知的工作会议或与水管工、教师或客户的简短对话。虽然更宏大的讲解确实会对人生中的重要时刻产生深远影响，但这些简短的日常讲解也有可能以另一种方式带来同样深刻的转变。

总而言之……

本书的目的并非试图教你如何主持选举专题节目，或从峰会现场做新闻报道（尽管你完全可以这样做）。其目的是为你提供一系列可以在生活中运用的想法、工具和技巧。

我尽量概述了每种方法可能适用的情境，但正如使用烹饪指南一样，每个人有时都会另辟蹊径，按自己的方式做事，我也希望你能如此。我们的目标是明确我们想说什么、想对谁说，然后有效地传达这些信息。达到这一目标没有固定的方法。但我发现，有一套方法体系来支持和引导我实现这一目标，确实非常有帮助。希望你也能从中受益。

在理清这一切之后，我们正式开始——先从我们努力达到的目标的核心要素讲起。

1

THE ANATOMY OF A GOOD EXPLANATION

第一部分

高质量讲解的十大要素

在我看来，高质量的讲解需具备以下十个关键要素：

1. **简洁性**
2. **关键细节**
3. **复杂信息**
4. **高效性**
5. **精准性**
6. **背景信息**
7. **无干扰**
8. **吸引人**
9. **有用**
10. **目的明确**

当我需要传达信息时，我会牢记这十点。它们可以指导我更好地进行讲解，随着时间的推移，我逐渐学会了本能地检查这十点。我们稍后将要探讨的系统，处理的是讲解的实际操作层面。而这些要素，则是支撑这一切的核心原则。我们在传达信息时遇到的大多数问题，都与未能做到这十点有关。

简单来说，以下两条就是我在讲解时力求做到的：

- 我希望提供他人需要从我这里获得或者我想要传达给他们的所有信息。
- 我希望以一种最有可能被接受和理解的方式，来向他们提供这些信息。

让我们来看一看这十个有助于我实现这一目标的要素。

1 简洁性

艾伦·利特尔（Allan Little）是新闻频道的卓越人物，同时也是他那一代杰出的撰稿人之一。我在公司的档案库中找到了一部精彩的培训视频，他在视频中告诉我们："简洁是通往理解的关键。简短的词语和句子，能最大限度地减少听众或读者的理解障碍。"

当我第一次听到这句话时，感觉就像拨动了开关。并不是因为我不知道简洁的语言和简短的句子的重要性。我关注这两点已经有一段时间了。拨动开关的是艾伦的那个说法——"理解障碍"。我当时正安静地观看培训视频，听到这句话那一刻，我突然很想从座位上跳起来，把我刚刚听到的话告诉所有愿意听的人。我必须补充的是，虽然我没有这样做，但我并没有夸大那一刻对我的重要性。

在此之前，当我想到简洁性时，我会把过度复杂化视为一种风格问题——虽然我并不喜欢，但可以接受。当我准备新闻稿时，我主要关注是否收入了核心事实和必要的背景信息。我不会太在意，是否顺便提到了一个在该新闻事件中无关紧要的中层部长的名字，或者一些虽然有看点但并不重要的统计数据。我当时的想法是，只要核心事实在，其他无伤大雅。然而，我错得离谱。

从那以后，我开始把这些不必要的细节视为对我真正想要传达的内容的直接威胁。我借用艾伦的说法，开始把它们称为"理解障碍"。如今，这一概念在我构建讲解内容过程中，已成为我诸多判断的依据。

这里的想法是，我掌握着所有这些经过我精心组织的信息——同时，这些信息中可能包含一些词语、事实和表述，它们会妨碍人们理解我想要传达的内容。换言之，这些词语、事实和表述不再是无害或中立的——它们可能会破坏我的讲解。

突然间，我发现理解障碍随处可见。我开始意识到，我说的很多话对我真正想要传达的内容毫无帮助。更糟糕的是，这些话反而降低了我成功进行讲解的可能性。从那一刻起，我对简洁性的重视程度大大加强。

如今，我重点清理的是多余的形容词、晦涩或复杂的术语、不必要的细节，以及冗长的句子——这些都不该出现在讲解中。

新西兰政府似乎也有类似的目标。2022年，该国政府提出了一项《简明语言法案》（Plain Language Bill），并于同年10月通过。这个消息是我的前同事、《卫报》记者耶鲁沙尔米诉我的。

《卫报》报道称，这项法律“将要求政府在向公众发布信息时，必须做到表达清晰、内容简洁、结构有序，并贴合受众的理解能力与实际需求。”

这简直与我的想法暗合。

该文章引述了在新西兰设立简明语言奖的琳达·哈里斯（Lynda Harris）的话：“政府所发布的信息，往往决定了民众生活中至关重要的事务：移民身份、离婚手续、福利资格，甚至能否建房。”

我们还获悉了议员雷切尔·博亚克（Rachel Boyack）的观点，她认为：“如果政府发布的信息让人看不懂，可能会导致民众无法获得他们本应享有的服务，失去对政府的信任，进而难以充分参与社会事务。”

是否有必要制定法律以规范政府机构发布信息的方式，这个问题留待他人评判。但毫无疑问的是，在这种情况下，讲解的清晰性并非锦上添花，而是切实关乎人们的生活。

在我前文引用的罗杰斯教授与芬克于2020年发表的文章中，他们对此也态度鲜明地表示：“简化语言可以提高信息接收者关注、理解以及跟进信息的可能性。”他们还提倡使用“常用的口头语言”。换言之，**传达信息要说人话，就像你平时做的那样**。

然而，此处也存在一个潜在的风险。在我们追求简洁和消灭“理解障碍”过程中，我们有可能会瞄准错误的目标。不是说简短的内容就一定好，冗长的内容就一定差；也不是说内容详细就不好，少一些细节就好。正如我们接下来会看到的那样，我们对简洁的追求，在于语言的清晰，以及去除干扰因素和不必要的信息。这可能意味着简短，但简洁并不意味着越简短越好。

这归根结底是一个我问过自己成千上万次的问题——关于每次讲解中的每一句话。

问问自己：

这是我能用的最简洁明了的表达方式吗?

2 关键细节

细节很重要。这似乎与我们追求简洁的目标相矛盾，但实际上并不矛盾。艾伦建议的是语言上的简洁，而非主题内容上的简化。我们所追求的并非回避复杂的问题或细节。相反，细节是我们传达信息的资源，它为我们提供事实，即我们所拥有的最精炼的信息形式。这正是我们希望传达的内容。这也是我们进行任何讲解的目的所在。

然而，现实情况是，关键细节并不总是受到应有的重视。

几年前，我在细节问题上遇到了反对意见。新闻媒体行业形成了一种刻板观念，即人们不会观看长视频。当时的趋势是视频应该简短、简单直接，并且信息量不宜过大。

2016年，我去了YouTube在伦敦的办事处。通过一系列图表，他们向我展示了人们观看时长的增长。至少对YouTube的用户来说，如果视频的主题和内容合适，他们对细节的需求是存在的。因此，虽然对某些人来说短视频效果确实很好，但令人振奋的是，许多人也渴望有深度的内容。

美国的Vox视频制作团队很快意识到了这一点，并且比大多数媒体更早意识到这一趋势。他们从2014年开始专注于制作讲解性新闻视频，并很快发布了远长于标准电视新闻报道的视频。很快，他们吸引了大量观众——至今依然如此。无论是面对百万观众，还是仅仅一个观众，只要我们在讲解某件事，关键细节是必不可少的。

我常常问自己：要想把这件事讲清楚，我需要收入哪些细节？

如果有人在讲解某件事时感到吃力，往往是因为他们没有足够的时间去理清关键细节是什么——然后为其腾出空间并讲解为什么这些细节是不可或缺的。无论是在你写一本书（比如我）的几个月过程中，还是在你和主管喝咖啡前在纸上匆匆写下几个要点（也比如我）过程中，优先考虑关键细节是我们在构建讲解内容时可以做的最重要的事情之一。

不过，此处也存在风险。

为了保留细节而保留细节，反而会适得其反。这样做既不会让我们看起来聪明，也没有任何助益。在讲解中收入大部分有趣的细节虽然很有诱惑力，但要小心“边际效用递减法则”。**每多一条非必要信息，都会削弱核心信息的传达。**这也是我们在进行讲解时所面临的挑战：我们能否从纷繁的信息中筛选出关键细节？如果我们做不到，我们就有可能遮盖最重要的信息。如果我们能做到——无论你是一名管道工在讲解需要做的工作，还是一名主管在讲解部门重组，抑或是一名教练在讲解战术变化——这些都是他人想听到的信息。

如果细节是相关且有用的，你无须说服他人去关注。我们将在“七步讲解法”部分进一步探讨如何识别关键信息。

问问自己：

哪些细节对于这个讲解是不可或缺的？

我们希望保持简洁，也希望传达关键信息。但这些关键信息不仅仅包括事实，可能还需要包括我们本想回避的复杂信息。

3 复杂信息

话题或问题的复杂程度越高，进行有效讲解的难度也越大。如果我们在讲解中加入了复杂信息却处理不当，可能会让受众感到困惑、有压力，甚至更糟糕的是，感到被冒犯或忽视。为了避免复杂信息所带来的麻烦，我们确实很容易想要回避复杂信息。而这似乎也有助于我们追求简洁。但正如追求简洁并不意味着忽略关键细节一样，这也不意味着忽略我们想要讲解的内容中不可或缺的复杂信息。因为很少有话题是不包含复杂信息的。要想讲清楚这些话题，我们就需要正视这些复杂信息。

示例

2015年夏天，我接到节目编辑的电话，公司决定派我去希腊进行报道。当时，希腊正面临债务危机，简而言之，关于如何应对这一问题，各方存在很大的分歧。街头上有抗议活动，欧盟正在讨论是否提供援助，而希腊政府正在考虑接受哪些条件，以换取援助。一时间，希腊似乎有可能退出欧元区，这将对整个欧盟产生巨大的政治和经济影响。

在将近两周时间里，我在一个屋顶上度过了这段漫长而煎熬的日子，在那里可以俯瞰雅典的宪法广场，右侧是希腊议会大厦。我在那里做的是实时连续报道。这意味着你必须在电视新闻节目需要时随时准备进行报道或直播。如果这是全球最重要的新闻事件——而希腊债务危机在那个夏天常常是这样的新闻事件——那么你可能一天之内会长时间出现在电视节目中。这关系到你如何讲解这一新闻事件，因为报道涉及的内容太多，你无法为每一刻都做好准备。你无法预料到自己将被问到的每一个问题或需要描述的每一种事态发展，因此你必须随时准备好应对任何情况。

对这场债务危机的报道涉及极其复杂的国家与国际经济政治因素。问题的复杂性与其重要性成正比。因此，在最初的几天里，在不断涂抹大量粉底霜以求止住额头汗水的间隙，我尝试在没有笔记、没有大量先备知识、没有提前通知会被问到什么问题，以及没有太多时间进行讲解的情况下，弄清楚如何讲解这些复杂问题。如果这听起来让人觉得难以应付，那么确实如此。如今，当我进行类似报道时，依然会有这种感觉。

在这些时刻，我很容易选择处理新闻事件中较为简单的部分，或者采用他人已经写好的现成描述来应对更具挑战性的部分。但我知道，如果我这样做，我迟早会陷入困境。别无他法，我只能直面这些复杂问题。

作为我们临时驻地的屋顶比一个网球场稍小。角落里，设有一个凉棚，在报道间隙我们可以去那里乘凉。如果有稍长一些的空档，我们也可以躲进一间小办公室休息。正是在那间办公室里，我列出了三份清单。

在第一份清单中，我列出了我认为自己懂的内容，并写下了我认为最恰当的讲解方式。在第二份清单中，我列出了自己确实不太懂，甚至不知道该如何讲解的部分。第三份清单暂时是空白的，我会把新闻事件中我逐渐发现的其他我不懂的方面写进去。

（我准确地预料到，会有源源不断的新情况让我感到困惑。）

之后，我开始研究并尽我所能填补这些空白。

不过，我不可避免地会在某个时刻需要请教他人。我知道我一定会遇到这样的时刻，因为每次报道我都会遇到。我总有不懂的地方，而我总是会请教他人。当我遇到不懂的事情去请教他人时，我总是会和对方反复确认、来回沟通——不管他们是我的同事、医生、教师、IT支持，还是电工。我可以举出无数这样的例子。“这样说对不对？”我会这样问。

在我的职业生涯早期，我曾被派往布鲁塞尔主持一场与当时的北约秘书长的电话访谈。虽然我做了功课，但在节目当天早上，我对自己描述北约与俄罗斯关系的方式并不满意。我并非完全不懂这个问题，我只是不确定如何清晰顺畅地对其做出描述。在这种情况下，我从不对自己的不安视而不见。相反，我会主动寻找这种不安。如果我倾向于回避复杂问题，这表明我还没准备好去讲解。那一次，我打电话给我当时的同事乔纳森·马库斯（Jonathan Marcus），他耐心地和我讨论。通话结束时，在乔纳森的建议指导下，我已经能够自信地讲出北约与俄罗斯的关系了。

这次，在雅典，我依靠的是商业频道的一位杰出记者乔·莱纳姆（Joe Lynam）。我会就报道中的某个方面询问乔，然后等他讲解清楚之后，我会试着用简单、简短的话语复述给他听。在我复述得不准确时，乔会耐心地纠正我。就这样，一点一点地，我逐步逼近一个对我来说讲得通、用得上，而且准确的讲解。

我在观察希腊经济和政府濒临崩溃的戏剧性过程中，学到的教训是：**你不能回避复杂问题，还期望能够很好地讲解某个话题。**

要讲解，先要理解。

这一切之所以重要，原因有二。首要原因是，一个复杂的问题如果讲解得不好，那么它依然复杂，并且难以理解。这不仅会削弱受众对你所传达内容的理解，而且从更广泛的角度来看，还会削弱他们对你作为有用信息源的信任。这不仅会影响受众从这部分讲解中所获取的价值，而且很可能对你的整个努力产生连锁影响。

我们都熟悉这样的时刻，即当某人向你讲解某事时，你能感觉到他们放弃了尽量让其变得易于理解。他们似乎得出了这样的结论：这个话题太复杂，这部分内容无法再讲得更简明易懂。在这种情况下，我怀疑讲解者要么已经触及了他们自身知识的极限，要么不愿意让这个话题变得易于理解。其中或许有一些合理的原因，但就讲解本身而言，这是一个问题。

第二个原因是，面对和理解复杂问题有助于我们更好地判断该收入哪些内容。而无论你是否选择收入复杂信息，你都会对做出讲解更有信心，因为你是在全面理解复杂问题的基础上做出的决定。

这一点很关键。很多时候，我花了很长时间努力去真正理解某些东西，结果却根本没用上。但这样做仍然是值得的。无论如何，这种努力都发挥了作用。这让我对自己所讲的内容更有信心。

这一点，既适用于你试图传达的、自己已经理解的复杂问题，也适用于你正在努力理解的复杂问题。

如果你是一名教师，你应该已经掌握了许多技巧，来使复杂的问题变得易于学生们理解。如果你是一名医生，你会有很多方法向患者传达复杂的健康状况。我唯一要提醒你的是：**要不断检查你的讲解是否与受众的知识水平相匹配。**我们都能想到那些在这方面做得很出色的医生，以及那些如果我们不主动要求其提供更通俗易懂的讲解，就会让我们一脸茫然的医生。

或者，你可以从另一个角度来思考这个问题。假设你正在装修房子，你需要协调不同工种的工人。如果你在处理自己不懂的信息，那么你可能无法准确或有效地传达这些信息。你可能需要对水暖或电工活有一定的了解，才能向他人讲清楚这些事务。

换言之，你越是主动面对和理解复杂信息，你就越能判断出需要用到哪些信息及如何运用。

理解带来更准确的评估，进而带来更好的讲解。这就是最好的讲解总是包含复杂信息的原因。

问问自己：

这个话题中是否有我不懂的地方?

一个高质量的讲解要包含关键细节和复杂信息，并尽可能用最简洁的语言来表达。这种简洁的语言将有助于实现我们的下一个目标。

4 高效性

手机对我们全神贯注能力的影响仍然是学术研究和激烈辩论的焦点。然而，不可否认的是，如果我们愿意，我们仍然能够长时间保持专注。奈飞、亚马逊以及YouTube等平台有大量证据表明我们会长时间地观看和收听。剧院、电影院以及播客制作者也同样证明了这一点。

这里或许有两个相互交织的因素：我们能在多大程度上全神贯注于某事，以及我们有多大的意愿这样做。毫无疑问，争夺我们注意力的竞争比以往任何时候都更加激烈。科技为我们提供了无处不在的替代选项，也让我们在失去兴趣那一刻转向新的东西。在过去的二十五年里，我目睹了数字技术和数字消费的发展，作为一名记者和主持人，我的应对方式之一就是确保如果人们给我他们的时间，我就要让他们有所收获。

这是我多年来一直在努力应对的一个挑战。我策划并制作《外部信息源》这档新闻节目，部分原因正是为了应对这一挑战。该节目旨在将尽可能多的信息浓缩到每一分钟里。观众会得到我所说的“干货满满的新闻”，以换取他们的时间。这意味着，你每给我一分钟的时间，我就会给你尽可能多的有用信息作为回报。

示例

在2017年英国大选期间，公司决定派我去我的家乡康沃尔进行报道。尽管我来自那里，但仅凭我的一般性了解不足以准确报道那里的选情，因此我开始搜寻更多的细节。

在我第一次播报前的一两晚，英国一档主流新闻简报节目报道了彭赞斯镇的选情。我心想："太好了！这一报道不仅仅是关于选情，也不仅仅是关于英格兰西南部的选情，而是专门关于康沃尔的选情。"

我准备好笔记本，观看了这一报道，然后又倒回去重看了一遍。我的笔记本上却依然空空如也。我看到了这个地方的样子，听到了几个当地人的观点，并且了解到关于该地区的一些概况，但就具体的、有用的信息而言——统计数据、背景信息、选情分析——却少得可怜。这一报道包含了一些细节，但关键细节寥寥无几。我投入了时间，却并没有得到回报。作为观众，这是了解康沃尔竞选活动的一种极其低效的方式。这让我更加清晰地认识到高效对于讲解的重要性。因为如果你能高效地传达信息，你就能为受众的时间投入提供更多回报，而他们可能会为此感到高兴。

除了可以让受众"每分钟都收获更多"之外，高效还提供了别的东西——空间。让我通过一个我在佛罗里达经历的小插曲，来解释一下我的意思。

2011年10月，我从加勒比地区制作完一部纪录片后来到迈阿密。我当时要在佛罗里达西南部墨西哥湾沿岸的迈尔斯堡主持一系列节目。于是，我租了一辆车，然后驱车驶入夜幕中。75号州际公路又长又直且平坦，夜晚开车，没有什么景色可看，也没有人同行。我打开了收音机，收听当地的广播新闻，苹果公司创始人乔布斯去世的消息成了头条新闻。这一新闻在几个小时前刚刚发布。

在那晚的行车途中，我听到了许多关于乔布斯的颂扬之词和趣闻轶事。其中有一个故事让我印象深刻：鱼缸的故事。这个故事由前苹果员工阿米特·乔杜里（Amit Chaudhary）讲述，现摘录如下：

当负责研发第一代iPod的工程师们完成原型机后，他们将其呈交给乔布斯，等待他的批准。乔布斯摆弄了一下这个设备，仔细端详了一番，拿在手里掂了掂分量，然后立即予以否决。它太大了。

工程师们解释说，要把它做得更小根本不可能。乔布斯沉默了一会儿，最后站起来，走到一个鱼缸旁，将iPod扔了进去。在它沉到底部后，有气泡浮了上来。

“那些是气泡，”他厉声说道，“这意味着里面还有空间。把它做得更小。”

你还可以在乔布斯去世后第二天，发表在《大西洋月刊》（*The Atlantic*）上的一篇文章中，找到对这个故事的引用。文章标题是《赞美可恶的乔布斯》（In Praise of Bad Steve）。我无意在此评判“可恶的乔布斯”，或者乔布斯可能呈现过的任何一面。但有一句话深深印在我的脑海里：“里面还有空间”。讲解也是如此，几乎总是“还有空间”。

这是新闻记者们通过艰辛实践才领悟到的。“得再短些。”编辑对我们说。“没法再短了。”我们恳求道。“必须再短些。”他们坚持道。为报道争取空间是一名记者所必须经历的。报纸头版的空间就那么大，新闻简报的时间就那么长，诸如此类。这些限制条件是不容商量的。当你有一个固定时长的演示、会议或会面时，情况也是如此。而我感兴趣的是我们该如何应对这些限制条件。

我们所面临的风险在于：当我们努力遵守这些限制条件时，可能会陷入三个陷阱——匆忙交付；塞进太多信息；或者舍弃有价值的信息。所有这些结果都可能削弱我们的讲解效果。

几年前，《纽约时报》记者简·布拉德利（Jane Bradley）发了一条推文：“最出色的编辑删去你稿件中的1000字，然后把稿子发还给你，而你甚至都察觉不到被删去的内容。”字数减少并不是坏事，也不会自动降低你所传达信息的质量——通常情况恰恰相反。

如果我在构建一个讲解，我会反复斟酌我打算说的话，你可以将之视为反复把讲解内容扔进“鱼缸”的过程。哪里我还能发现“气泡”？是否有非必要的词语或信息，抑或能否用更简短、更简洁的表述来替换？哪句话没有明确的目的？我把这个过程称为“精简”。后文我会向你展示我是如何做的。可以说，要让一个讲解达到最高效的程度，通常不是一蹴而就的——这是一个反复打磨的过程。我们打磨得越多，讲解就越高效。

对此我还有最后一点需要说明：正如我之前提到的那样，高效的讲解并不等同于简短的讲解。关键在于充分利用你所拥有的时间。当我们制作讲解视频时，我们该关心的是讲解是否高效，而不是固定时长。如果你能在讲解上做到高效，你既能提高自己表达的清晰性，又能确保自己拥有尽可能多的空间来实现这一点。

问问自己：

我能把这句话表达得更简练吗?

我们已经探讨了为何讲解需高效，接下来要讲的要素与此相关——关于如何避免混淆与歧义。

5 精准性

让我们回到艾伦和他那部培训视频。艾伦告诉我们："好的写作在于选择恰当的语言来精准表达你的意思。"

乍一听，这似乎是显而易见的，没必要专门指出。"我们当然会选择恰当的语言来表达自己的意思，"我们可能会这样想，"这不正是表达的本质吗？"实际上，艾伦指出了我们在试图表达时最常犯的一个错误，即我们常常没有确切地表达自己的意思。

要想做到这一点，我们需要先明确自己究竟想表达什么。

正如艾伦最近对我说的那样："如果你的句子太长，说明你的写作不够严谨。如果你的写作不够严谨，说明你的思考也不够严谨。"

我最没有成效的努力总是出现在没有遵循这一原则的时候——去《独立报》面试的经历就是个极为典型的例子。这样的例子还有很多。当我感觉自己表现得更好时，我更清楚自己整体想要表达的内容及每个句子所起的作用。

但即便我们清楚自己想要表达的是什么，也清楚每个句子、段落或部分所起的作用——这也不等同于"选择恰当的语言来精准表达你的意思"。

我总是问自己——我的语言是否传达了我想要传达的意思？如果答案是否定的，那么我就会做出修改，直到我的语言能精准传达我的意思为止。要做到这一点需要“精准”；而我又一次，在最意想不到的时刻，找到了如何做到这一点的灵感。

当乔布斯在帕洛阿尔托将iPod扔进鱼缸时，几十年前，在更南边的洛杉矶，乔尼·米切尔（Joni Mitchell）在20世纪70年代初录制了她的专辑《蓝》（*Blue*）。这是我听过次数最多的专辑之一。我在大学的唱片馆里发现了它，从那以后就一直反复播放。

整张专辑呈现出一种极为直接且震撼人心的气质。歌词中流露出的真诚，私密得几乎让人难以承受。旋律和表现也展现出一种无与伦比的美感和精湛技艺。当这些元素融合在一起时，米切尔达到了一种非凡且全新的境界。

然而，尽管我听了这张专辑成百上千遍，却从未认真思考过她是如何做到那种他人即便拥有钢琴、吉他和分享欲也无法企及的魔力。她究竟做了什么，竟能如此清晰地向我传达了她的感受，而且神奇的是，还帮助我明白了自己的感受？

由于我无数次地播放这张专辑，不久前，我的父母送给我一本大卫·亚菲（David Yaffe）撰写的精彩传记《不羁的女儿：乔尼·米切尔传》（*Reckless Daughter: A Portrait of Joni Mitchell*）。就像所有从音乐到体育再到艺术领域的顶尖评论家一样——亚菲能帮助我们重新审视那些我们已接触过无数次的事物。

在书中，亚菲写道：“音色原声而简约，鼓声轻柔而克制。吉他和其他弦乐器都是原声的。情感袒露无遗，就像拉斯·昆克尔（Russ Kunkel）的康加鼓一样清晰而真切。”

“简约”这一特质对于我们自身的讲解是一个启示。在我看来，亚菲是在说，米切尔所提供的内容如此有力，她根本无须在编排上过度修饰。如果我们将这一理念运用到讲解中，只要我们提供的信息足够相关、有趣且有用，那么其周围的语言亦可简洁有力、不加赘饰。**只要核心信息值得一听，那么讲解中“少即是多”。**

这是我不经意间获得的一个启示。在读了亚菲的书之后，我深受启发，开始更多地研究《蓝》。我找到了一份由美国全国公共广播电台（NPR）发布的榜单，列出了“由女性创作的150张最伟大专辑”。《蓝》位列榜首。NPR乐评人安·鲍尔斯（Ann Powers）在说明评选理由的文字中写道：“《蓝》让我们明白，情感表达只有在极其精准时，才会真正打动人心。”又是这个词——“精准”，而且是“极其精准”。我完全明白鲍尔斯的意思。

我越深入地思考“精准”在各种形式的讲解与信息传达中所起的作用，我就越发意识到其重要性。这要求我们选择恰当的语言，并清除掉这些语言周围可能造成干扰的一切。

当然，传达意思的方式多种多样——无论是艺术、音乐、新闻报道、对话还是活动。精准并非传达信息的先决条件。然而，如果我们的目标是做出高影响力的讲解，我认为精准是必不可少的。

问问自己：

我是否精准表达了我想要传达的意思?

在我们已经明确希望讲解具备简洁性、关键细节、复杂信息、高效性以及精准性之后，接下来的目标是确保，即便这些条件都已满足，我们仍要说明，我们所讲内容为何重要。

6 背景信息

背景信息在讲解中决定一切。人类经历中的任何事都不是孤立存在的。某事之所以重要，是因为它与其他事件、人物或知识相关联。虽然这个道理我们都懂，但在讲解某事时，我们常常为了更详细地呈现当前的话题或事件本身，而放弃交代背景信息。在新闻报道中，这意味着你把所有时间都花在描述刚刚发生的事件上，而几乎不提导致这一事件的前因背景。这样做既可能削弱受众对你所描述内容的关注度，也可能使他们无法充分理解。

如果我们不交代清楚背景信息，就不能假定受众会理解为什么这个话题如此重要。而如果缺乏这种理解，任何形式的讲解都将难以奏效。

在看牙医时，如果你的问题是牙疼，那么疼了一个多星期这一点就很重要。

如果你告诉面试官你达成了一定的销售业绩，那么在你接手之前业绩如何这一点就很重要。

如果你要为团队的工作结构调整提供理由，那么指出尽管多次提出请求，但这种结构十年来一直未曾改变这一点就很重要。

背景信息对于引起他人关注以及让他们理解至关重要。

示例

2011年，在我的一次主持经历中，背景信息的重要性得到了一次极好的证明。当时传来消息，巴基斯坦旁遮普省省督萨尔曼·塔西尔（Salman Taseer）被他的一名保镖暗杀。这在巴基斯坦是一个轰动性的新闻。萨尔曼是该国的显赫人物，但在全球范围内并不为人所熟知。

当天在新闻编辑室的还有欧文·贝内特－琼斯（Owen Bennett-Jones），他是我们最资深的主持人之一，对巴基斯坦的历史和现状了如指掌。我们请他与我们对谈，在播报完新闻摘要后，我简要介绍了一下，然后请出了欧文。

他接下来的5分钟发言，是我所听过的最出色的讲解性新闻报道。欧文没有借助笔记，就为我们剖析了这一事件为何如此重要，不仅对于巴基斯坦，对于我们所有人也是如此。毕竟，收听节目的绝大多数人都不在巴基斯坦，他们来自俄勒冈、拉各斯、悉尼和布鲁塞尔等地。和我一样，大多数人对这一事件的前因背景几乎一无所知。在这5分钟里，欧文只用了不到60秒的时间来讲述我们已知的袭击事件，其余时间都在介绍背景信息。他将萨尔曼的政治生涯置于巴基斯坦政局、巴基斯坦与西方的关系，以及巴基斯坦与该地区微妙的安全局势等背景信息之中。

有时，一段现场直播会如此引人入胜，甚至会让你觉得整个世界都放慢了脚步来观看或收听。这些时刻会让你在超市停车场里迟迟不愿离开，或者让你出门时迟到。我当时什么也没说，演播室里的同事们也没说话。我们只是静静地听着。这在一定程度上是对欧文口才和学识的致敬。这也是一堂关于理解背景信息核心作用的示范课。欧文清楚，要向世界各地的听众传达这一事件的重要性，他必须花时间讲述暗杀事件的背景信息。如此一来，他不仅让我了解了巴基斯坦，还让我懂得了讲解的艺术。

在随后的这些年里，我越来越多地在报道中为背景信息留出空间。如果你经常观看或收听我的节目，你可能会对以下这些表达方式并不陌生：

- “这件事之所以重要，是因为……”
- “要理解这一点，我们需要记住……”
- “所有这一切都可以追溯到……”
- “这并不是一起孤立发生的事件。”
- “这一事件的重要性不仅仅在于眼前的后果，还在于……”

过去，我常常只是在播报诸如美国利率维持不变、世界银行迎来新任行长，或某场选举即将举行之类的消息，却没能给那些可能在想“这为什么重要”的观众和听众提供任何帮助。

欧文这次精彩的讲解让我明白了直接回答这个问题的重要性——不仅在广播中，而且在任何需要做出讲解的情境中都要如此。我希望明确地告诉他人——这就是这件事之所以重要的原因。这样做有诸多好处：一方面，这会大大提高他人愿意听你讲的可能性；另一方面，如果他们真的听了，你所提供的背景信息会有助于他们理解。

尝试提供背景信息还有一个额外的好处。如果你难以讲清楚你打算说的内容为何重要，或者其中某个部分为何重要，这本身就应该成为你判断该内容值得投入多少时间与强调程度的依据。并非所有内容都重要到值得提及，如果你自己都觉得它没那么重要，那么可以肯定的是，你的讲解受众也会察觉到这一点。在新闻编辑室里，我们常常会不确定是否要保留一篇报道或一段视频中的某个部分。“这部分很有趣，但它是必不可少的吗？”我们会这样问。背景信息能帮助你做出判断。

问问自己：
我所讲的内容对我的受众来说为什么重要?

现在，如果我们已经满足了前面提到的六项标准，那么我们的讲解就已经初具雏形了。不过，我们还需确保在这一过程中未引入任何可能造成干扰的因素。艾伦对语言简洁性的强调，以及他对那些“理解障碍”的排查，都对此大有助益。但我们仍然可以做得更多。

7 无干扰

即使我们已经按照第1~6点做好了所有准备，最大的威胁之一，仍然可能来自我们自己的语言和行为。我们自己造成的干扰可能会使讲解前功尽弃。这听起来可能有些奇怪，但一个好的讲解需要确保我们的传达对象专注于眼前的话题。而我们所有人往往都会不知不觉地在讲解中加入许多可能会干扰这种专注的东西。

这些干扰因素可以分为两种形式——语言上的和视觉上的。我们来逐一探讨。

我们每个人都能想到这样的情形：在交谈中，有人提到一个我们不认识的词或名字。

“我对山姆说过，他做不到那件事。”但我们不知道山姆是谁。

“自从项目审查开始以来，山姆一直很生气。”但我们不知道项目审查是什么。

“山姆所做的不过是诡辩式的回避。”但我们不知道“诡辩式的”是什么意思。

（我现在知道这个词的意思了，因为我刚刚在一篇报纸的社论中读到它，于是不得不查了一下。根据词典的解释，这是“诡辩家”的形容词形式。“诡辩家”是指“一个使用巧妙但站不住脚的推理的人，尤其是在处理道德问题时。”现在我明白了。但在读那篇社论时，我并不知道这个词的意思，因此也就没理解那句话。）

有时，遇到这种情况，我们可以根据上下文做出有根据的推测，猜出所提及的人是谁，或者猜出我们不懂的那个词的意思。但这种情况总会让人感到不安。至少，这会让我们更难理解对方所传达的信息。而且你会意识到，他们说话时并没有把你考虑在内。他们可能要么没想到、要么不在意、要么误判了你的知识水平。无论是哪种情况，这都会让人感到不适。

为了避免出现这种情况，我们需要思考为什么我们会这样做。我们并不是刻意制造困惑。但之所以会带来这种困惑，有时是因为不去解释某些东西会很有诱惑力。

我把解决这一问题的方法称作我的"北约原则"。"北约"这个词在我的很多报道中都会出现——我前面也提到过。每年我在节目中提到"北约"这个词不下数百次。北约的全称是北大西洋公约组织。这是一个军事联盟，由美国、加拿大，以及包括英国在内的多个西方国家于1949年共同创建。自那以后，北约不断扩张，最近芬兰和瑞典也正式开启了加入北约的进程。北约是很多重大报道的核心。

读了上面这段内容，你们当中有些人可能知晓所有这些信息，甚至了解更多，而有些人或许学到了一些新东西。我们每个人在各个领域的知识水平都各不相同。如何判断我们传达信息的对象了解多少，对于讲解的成功至关重要。现在，如果我在发言或视频中提到北约，并且确信受众都知道它是什么，那么就可以不再对其做出解释，而专注于讲解其他内容。但如果你并不确定每个人都知道呢？继续以北约为例，如果我提到它却没有对其做出解释，会怎样？

如果我提到某些并非人人都熟悉的内容，可以预见接下来的影响，而且没有一个是积极的。

当人们听到某些他们完全不了解或仅有模糊印象的内容时，他们会立即开始思索，或者努力回想自己对它的了解。这会带来几个问题：首先，他们无法理解你提到的内容，以及为什么要提到它。其次，当他们在琢磨这些问题时，他们就无法专注于你接下来所讲的内容。最后，如果你没有对你所提到的内容做出解释，他们可能会自然而然地得出结论：认为你所说的话并非讲给他们，或与他们无关。所有这一切都增加了他们失去兴趣和不再专注的可能性。

正因如此，我对是否解释自己所提到的内容，或者干脆删去，一直持非常谨慎的态度。我很清楚，如果选择保留该内容，我至少需要用上一句话甚至更多来进行说明。然而，在时间非常有限的情况下，我可能做不到这一点。这时，我会进一步权衡是否有必要提及该内容。

这些判断既微妙又困难。就在我写下这些文字时，我回想起与同事们就某些内容是否保留所进行的许多痛苦的讨论。后文我们会探讨如何做出这些判断。但作为起点，我们可以先假设，保留一个可能引起困惑或分散注意力的内容并非可行的选择。这就是我的“北约原则”。以下是一个将这种判断执行得恰到好处的例子。

示例

在撰写本书的时候，我一直在听英国广播公司的播客《拉撒路劫案》（*The Lazarus Heist*）。这期播客讲述的是一起跨国网络犯罪，其中一集详细讲述了一起针对孟加拉国银行的大胆黑客攻击，差点导致十亿美元失窃。

记者杰夫·怀特（Geoff White）是该播客的联合主持人，他讲述了银行请来的调查人员如何“开始将注意力集中在计算机本身，尤其是其中的一组计算机。这些计算机上运行着一个叫作‘环球银行金融电信协会’（SWIFT）的系统。”我一听到“SWIFT”这个词，就开始想：“这是什么？”片刻之后，怀特接着说：“我们需要花点时间来解释一下SWIFT是什么，因为它是这个故事的重要组成部分。”

接下来的内容堪称讲解的典范。故事整体的暂停并没有削弱叙事效果，因为这段讲解非常吸引人。它本身就很有意思（实际上，这让我很想了解更多关于SWIFT的信息），也让我更好地理解故事，还让我更想听下去。这种为了具体解释而设置的停顿，非但没有削弱我对故事的投入，反而加深了我对故事的投入和理解。

如何判断哪些内容需要解释，哪些无须解释，这一点至关重要，因为每一个词都有可能对受众提出某种要求。为了有助于自己解决这个问题，我喜欢将自己使用的词语分为四类。以下便是这四类，以及我随机挑选的一些例子，想象着自己像在新闻播报中那样面对全球观众。

1. **辅助词**：一些在句子中起连接或辅助作用的词语，这类词语通常不包含重要的具体含义。大脑可以轻松处理这类词语，因而也就无须对其做出解释。

2. **已知词**：从像“桌子”这样的名词，到像“美国”这样的国家，再到像“一场选举”这样的过程，或者像”第二次世界大战“这样的事件。绝大多数人都可以毫不费力地处理这类词语，因为它们对于我们来说非常熟悉。

3. **部分已知词**：这可能是某个概念，例如“通货膨胀”，某种制度，例如“比例代表制”，或某项协议，例如“巴黎气候协定”。观众中的某些人可能不完全理解其含义。

4. **未知词**：这可能是任何我无法合理地期望大多数观众都知晓的内容，例如“议会休会”。

如何判断哪些词属于哪一类取决于你传达信息的对象。我会着重思考哪些词属于后两类。然后我就可以决定是否对其做出解释或直接删去。

对于部分已知词，我经常使用“正如你们中某些人可能知道的那样，……”这样的表达方式。这既向那些并不需要了解这些信息的人传递了一个信号：你正在告知他们一些他们本无需知道的内容；同时也向那些确实需要了解的人传达了相关信息。

评估你所使用的词语对于消除讲解中的干扰因素至关重要。这项工作之所以往往被忽视，是因为如果不去费心解释部分未知或完全未知的词，工作量会少一些。但花时间做出这种解释是值得的。正如应抵制使用花哨或复杂的词语来显得高明的诱惑一样，出于同样目的而提及某些内容也应避免。这些内容会分散受众的注意力，削弱信息传达的效果。

如果说“北约原则”旨在处理语言上的干扰，那么我所说的“《外部信息源》原则”旨在处理视觉上的干扰。正如我之前所阐述的那样，我希望《外部信息源》的呈现形式能够让我作为讲述者在观众面前逐步构建故事。为了实现这一目标，我坚持认为每次观众所看到的画面都应紧扣我在那一刻所讲述的内容。过去，当我观看电视新闻时，我发现画面往往只是作为背景。比如，当播报者讲到战争时，屏幕上就会出现一些与战斗有关的一般性画面；当他们讲到交通政策时，屏幕上就会出现一些公交车或火车的画面。在我看来，这会带来三个不良结果：这会让我觉得没有什么具体相关的内容可看，从而降低了我的专注度；这会让我分心而非投入；这会给人一种缺乏目的性的感觉。当我试图讲解一个新闻事件时，我不希望出现这样的结果。同样，在任何配有视觉辅助信息的讲解中，我们也不希望出现这样的结果。

我在自己所有的演示、视频和播报中，一直坚持这种做法。我只会展示我明确提及的图片、图表、地图或推文。而且只有在我明确提及它们时才会展示。这种方式极大地支持了我的讲解。如果这些内容在我没有提及时出现，效果就会适得其反。根据我的经验，如果我们期望受众能够同时处理两种相互竞争的信息来源，那无异于冒险。这并不是对能力的评判，因为这对所有人来说都很难。我们可以在多个信息来源之间快速切换，但很难同时处理它们。

当我主持节目时，通过耳返我能听到节目内容，还能听到导演和编辑在控制室里做出的指示。我花了很长时间才适应，现在依然觉得很难。在做讲解时——无论是在电视上还是在任何其他地方——我们并不需要提供多个相互竞争的信息来源。或者更直白地说，当我们试图清晰地传达信息时，这是我们最不该做的事。我们已经不止一次无意中破坏自己的努力了。

我希望，当你读到这里时，已经开始回想起你曾遇到过的类似情形。有多少次你在工作或会议中观看幻灯片演示，或者在视频网站上观看视频时，看到画面上充斥着大量信息？往好了说，这些画面能让你提前得知对方接下来要讲的内容。往坏了说，这些图片或图表与对方正在讲述的内容毫无关联。无论是哪种情况，我们的注意力都很容易被这些视觉辅助信息吸引过去。“那是什么？”我们心里会想。而就在那一刻，我们不再认真去听了。

最近，我在面试一名求职者时就遇到了这种情况。对方非常优秀，有很多想法。唯一的问题是，他将许多想法都塞进了演示文稿中的一张幻灯片里。每播放一张幻灯片，屏幕上就会出现大量信息，而且许多内容看起来都很有趣！我不得不努力克制自己不去阅读上面的所有内容。要是我真的去读，我就无法认真听他讲了。还有一次，我曾在出席会议之前，提前发送了一份包含60张幻灯片的演示文稿。“你知道你只有10分钟的时间吧？”对方大致就是这样回复的。10分钟对我来说没问题。我并没有太多的信息要传达——我只是把每一条视觉辅助信息都单独放在一张幻灯片里。需要的时候就把它们展示出来，不需要的时候也不会分散听众的注意力。

视觉辅助在出色的讲解中可以发挥巨大作用。可一旦造成了视觉干扰，效果就会适得其反。找出并消除各种形式的干扰极为重要，只有这样你的讲解才更有可能传达你想要表达的内容。

问问自己：

我的讲解中是否存在语言、文字或视觉上的干扰?

高质量的讲解能将干扰降到最低，最大限度地提供背景信息，并以精准、简洁、高效的方式传达最重要的信息。在努力实现这一点过程中，还有三条指导原则可以帮助我们。第一条原则既显而易见又非常重要：如果对方不愿意听，你就无法向他们传达任何信息。

8 吸引人

2002年，公司将我调到直播5台一档名为《通宵达旦》（*Up All Night*）的节目。我们小群制作人负责填充凌晨1点至5点的深夜时段。我们并没有像其他节目那样受到高层太多关注，这也在情理之中。但有一次，主管通知我们去参加一场“受众简报会”。

主管的办公室位于与我们工作地点不同的楼层，这是一个做出重大决策的地方。

早在2002年，我还是一名初级制作人，很少有机会来到主管所在的楼层，这也是我对那次简报会的开会地点记得如此清楚的原因。

我们坐在沙发上，在接下来一个小时里得知了很多关于人们如何以及为何收听的细节。尽管多年过去了，我已经不记得当时听到的所有内容，但其中一个观念深深地印在了我的脑海里，从未消失。

当时，公司正在使用一种实时收听系统进行受众研究。他们会召集一群人，在节目播出时同步收听。每个人手里都有一个旋钮。旋钮的初始位置是0，他们可以根据自己的收听感受调节旋钮转动的方向：如果他们喜欢节目，就将旋钮向右转动；如果不喜欢，就向左转动。旋钮转动的幅度反映了他们在某一刻对节目喜欢或不喜欢的程度。经过一个小时这样的操作，研究人员就能得到一份详尽的报告，显示每个个体及整个收听群体对节目的感受。这种技术类似于你在选举前电视辩论中看到的“民调曲线”。在这些辩论中，每位候选人都有一条民调曲线，随着焦点小组对他们的发言所做出的反应，曲线会升高或降低，从而显示支持或反对的程度。

现在，无论是在广播受众研究还是选举节目中，都存在一个更广泛的讨论，即此类研究能在多大程度上准确地反映实际行为和感受。然而，对我来说，2002年那场演示的意义在于其所代表的东西。

我们可以从数据中清楚地看到，在任何一个小时的节目时段内，都存在一些流失听众的时刻。其中一些时刻对于广播从业者来说并不陌生，比如半点和整点的结束通常是听众关掉收音机的时刻，而整点的开始通常是听众打开收音机的高峰时刻。让我感到震惊的是，听众在其他时间点失去收听兴趣的规律性。这种情况不仅出现在节目的过渡环节中，甚至也会出现在节目进行中。从那时起，我就一直试图理解这一现象背后的原因，以及可以采取什么措施来避免想象中的旋钮向左转动的情况。

公司的这项研究针对的是广播的收听情况，但我所说的“旋钮测试”的重要性不只局限于此。显然，如果没人在听你说话，你就无法对他们进行任何讲解。

如果我们放眼整个网络世界，就会发现人们转移注意力的速度非常快——而且我们有数据可以精确地显示这一点。如果一部视频、一篇文章、一期节目或播客在某一刻未能吸引受众的注意力，他们就会离开，而我们可以准确地测量出他们离开的时间点。

这带来了一种压力，同时这也可以提升我们的表现。哪些时刻我们可能会让受众失去兴趣？我打算讲述的内容中是否存在缺乏清晰性或目的性的部分？我给受众继续听我讲的理由是什么？

这一点适用于任何形式的讲解——无论是视频、演示、演讲、报告、简报、文章，还是其他形式的内容。

我一直以旋钮测试的思维方式来思考。它已经成为一种代名词，代表着努力保持一贯的水平，及时发现自己的讲解中可能存在的薄弱环节。

示例

2021年，我发布了一段视频，内容关于特朗普在2020年与塔利班达成的协议，以及该协议与拜登围绕美国从阿富汗撤军决策之间的关联。这段视频在推特上的播放量超过了100万次。但这一影响其实差点就没能产生。

在录制完一版视频之后，我当天的编辑安德鲁·布赖森（Andrew Bryson）提出了意见。他多次提到视频中间的一部分内容让整个节奏变得拖沓。于是，我们与制作人汤姆·布拉达（Tom Brada）一起多次回看这部分内容，并进行了删减、补充和调整。我们所关注的重点并不是视频的总时长，而是旋钮测试。这段内容是否过于啰唆？其目的是否清晰？其中包含的信息是必不可少的，还是仅仅有趣而已？我们是否无意中给了观众分散注意力甚至退出观看的理由？

我坚持保留这一部分中的一些细节，但安德鲁坚持认为这些内容无法吸引观众，结构也不够清晰，而且并非必不可少。我们再次回看了我的较长版本。安德鲁是对的。他发现了视频中的薄弱环节。我们最终采用了他的版本进行发布。

被删减的信息并非必不可少，而视频的迅速走红也证明了安德鲁的看法是正确的。他确保了这段视频通过旋钮测试。

如果我们不去寻找这些薄弱环节，那么我们无异于冒了巨大的风险。如果你在某一部分内容流失了观众，那么他们可能会错过你接下来要讲的一切。即使是在演讲中，听众无法轻易离开，你也不希望在某个部分失去他们的注意力。一旦他们对你的讲解失去注意力，就无法保证在讲解恢复正常时，他们还能重新集中注意力。同样地，如果你是一名教师，而你的讲解未能抓住部分学生的注意力，这可能很快会导致整个课堂变得躁动不安。最好的讲解是让每个部分都环环相扣。但如果链条中的某一环节表现不佳，就会影响整体效果。

旋钮测试提醒我们，要想做好讲解，就必须时刻敏锐留意我们是否真正吸引了受众的注意力。

问问自己：

我的讲解中是否存在可能分散受众注意力的薄弱环节?

有很多技巧可以用来吸引并保持受众的注意力，其中最有效的技巧之一，就是任何高质量的讲解都会做到的一点——明确解答受众心中的疑问。

9 有用

最好的讲解是对受众有帮助的讲解。每当我想要讲解某件事时，我都会列出一份我预计需要回答的问题清单。如果你能回答所有这些问题，那么对方很可能会愿意听你讲。

示例

2019年末至2020年初，澳大利亚正遭受一系列大规模的森林火灾。当时，我们团队中一位最资深的制作人是前澳大利亚广播公司（ABC）记者考特尼·贝姆布里奇（Courtney Bembridge）。考特尼非常希望深入报道这场灾难。在接下来的几周里，我们发布了一系列视频。我们选择的话题通常是基于我们观察到人们对火灾及应对措施所提出的疑问，例如：

- 澳大利亚总理斯科特·莫里森（Scott Morrison）关于气候变化的言论是否与其所在政党中其他人的说法一致？
- 政府未能采取更多的"减灾预防性焚烧"措施是不是火灾的一个诱因？
- 火灾是不是纵火造成的？
- 煤炭行业是否影响了澳大利亚对森林大火的应对？

我们将这些疑问一一列出。我们制作的视频逐一明确回答了人们关注的问题。这些视频在发布后被大量转发，引起了广泛关注。

无论你提供的是哪种类型的讲解，如果你能够满足受众对特定信息的需求或渴望，这将对你和受众都大有助益。

无论是关于今后工作的会议，还是与音乐老师商量你想加入的乐队，抑或是向本地政府机构就你关心的问题做出陈述——如果你能预料到他人想从你这里获得的信息，那么你就更有可能以条理清晰、重点突出的方式传达这些信息。这也会提升你的可信度，并增强他们的关注度。

问问自己

我是否解答了他人心中的疑问?

始终专注于抓住受众的注意力并解答他们的疑问，这两点是构建有效讲解的重要基础。但还有一种可能会导致事情出错的情况。高质量讲解的最后一个要素是确保前面提到的九个目标，都能够朝着同一个结果发挥作用。

10 目的明确

我吃了不少苦头才明白的一点是：**如果你不确定自己究竟要做什么，或者想说什么，他人往往是能够察觉到的。**这一点在我去《独立报》面试时体现得尤为明显。我很容易回想起许多让我意识到这一点的时刻。这种感觉并不好，在那种时刻，要重新获得动力和受众的注意力往往非常困难。我规避这种情况的主要策略是提前解决这个问题。

示例

关于目的明确的一个教训来自与新闻界和电视界完全不同的领域——在这个例子中，来自DJ界。

作为20世纪90年代初的少年，和许多人一样，我迷上了舞曲。起初只是热衷于听现场演出的磁带，后来逐渐发展成痴迷于听黑胶唱片，到我大学的最后一年，我的房间里摆着两台唱机和一台混音器，抽屉里装满了唱片，而我也开始做起了DJ——虽然一开始主要是在我的卧室里。

十年后，我受邀在摄政公园的一场活动中担任DJ。那里有一座供乐队演出的大舞台，还有常见的素食汉堡摊和薄饼摊，以及一顶配有音响系统的帐篷。

对于现场的人群会是什么样子，以及他们会期待什么样的音乐，我毫无头绪。我至今仍保存着自己当时挑选的那些曲目的CD。它们都是很棒的曲子——但组合在一起却效果不佳。我会用两三首曲子把人们的情绪调动起来，但下一首曲子却使他们的情绪有所下降。这其实无伤大雅。那依然是一段愉快的时光。但那天的那种不确定感一直萦绕在我心头，就像在其他一些演出中一样，当我并没有想好自己想播放什么音乐时，那种感觉依然存在。同样，当你成功与人群想听的音乐合拍时，那种当 DJ 的感觉令人兴奋不已。

在摄政公园那次经历几天后，我们的大女儿爱丽丝出生了，这也基本上意味着我的DJ生涯结束了（直到最近一次意外回归）。但这些从做DJ的经历中所吸取的教训，与我在讲解上所付出的努力之间的联系，对我来说很有帮助。那种机会突然出现，却又不太确定该如何把握的感觉，我在打碟时也经历过。在这些时刻，我不清楚自己所要达到目的。随着我越来越专注于将讲解作为一项专门的技能来研究，我明白了目的明确是帮助我们有效传达信息的关键——无论是通过音乐还是通过语言。如果没有明确的目的，我很容易就会陷入自己当年在摄政公园播放唱片时的那种感觉——拥有素材却不知道自己究竟想表达什么。

这种思维现在已经深深地融入我讲述新闻的方式之中。所有记者都很熟悉两个问题——新闻重点是什么？新闻主线是什么？也就是说，我们最重要的故事是什么？以及关于这个故事，我们最先想传达的是什么？然而，当我思考讲解的目的时，我的考虑范围超出了这些考量，尽管它们很重要。我思考的是：我讲述这个故事，究竟想要达到什么目的。我希望这个目的贯穿于我的每一句话中。

这种思维适用于各种不同类型的讲解和信息传达。

如果你在学校写一篇论文，那么你要解答的具体问题应当引导你在选择所写内容时做出的每一个决定。

如果你在做工作简报，关于一笔新预算以及它将如何影响同事们，只要其中有些信息并不明显有助于你解释预算的性质或随之而来的变化，那么你就该将其删去。

如果你在为慈善机构募款并举办一场本地活动，那么你所说的每一句话都需要朝着促使人们捐款的目标努力。

这似乎是显而易见的，但我们习惯性地在讲解中加入一些信息，尽管这些信息本身很有趣，却并没有支持我们的总体目的。当我们这样做时，我们的讲解就会不可避免地缺乏目的性。

我在检查信息传达或讲解时使用的最有力的测试方法之一，就是**逐步审查每一部分，并问自己：我打算说的每一句话，是否明确支持总体目的？**如果你能删去任何不支持这一总体目的的内容，最终你得到的信息集合就会完全一致。这与你为确保每一条信息都清晰简洁所做的工作相得益彰。

当我准备讲解时，这个目的就成了我做出每一个决定的依据。

这就是为什么几乎每周我都会对同事们说："但我们此处究竟想表达什么呢？"我们构建故事的元素可能没有问题，但我的视频稿读起来却缺少目的感。抑或其中可能存在多个相互冲突的目的。我们试图做几件事，却有可能一件都做不好。如果在这一点上做错了，那么你就很难让他人理解你的想法。如果在这一点上做对了，那么一切都将围绕一个明确的目的展开。整体效果可能会非常强大，并且可以实现高影响力的信息传达。

问问自己

归根结底，我究竟要讲解什么？

简要回顾

我们在做讲解时必须牢记十个关键问题。虽然每次在做讲解之前都逐一检查这十个问题似乎有点过于苛刻，但检查这些问题会逐渐成为一种习惯。

一开始，你可以有意识地问自己这些问题。随着时间的推移，这些问题会自然而然地融入你处理各种形式信息传达的方式之中。

尽管我现在很多时候是凭直觉问自己这些问题，但我仍然会用到这些问题。它们可以极其有效地让我保持在正轨上。

就像从事一项体育运动一样，要想善于讲解不仅需要学习技巧，还需要不断打磨这些技巧。我仍然会把要检查的问题清单放在手边，希望这份清单也能对你有所帮助。

1. 简洁性

这是我能用的最简洁明了的表达方式吗？

2. 关键细节

哪些细节对于这个讲解是不可或缺的？

3. 复杂信息

这个话题中是否有我不懂的地方?

4. 高效性

我能把这句话表达得更简练吗?

5. 精准性

我是否精准表达了我想要传达的意思?

6. 背景信息

我所讲的内容对我的受众来说为什么重要?

7. 无干扰

我的讲解中是否存在语言、文字或视觉上的干扰?

8. 吸引人

我的讲解中是否存在可能分散受众注意力的薄弱环节?

9. 有用

我是否解答了他人心中的疑问?

10. 目的明确

归根结底,我究竟要讲解什么?

既然我们已经探讨了高质量讲解的十个要素,现在我们需要思考的是:我们是在为了谁而讲解。

2 KNOW YOUR AUDIENCE

第二部分

了解你的受众

如果你经营一家企业，你就会知道你的目标客户是谁。如果你制作一档电视节目，你就会知道你的目标观众是谁。如果你在一次行业会议上发表演讲，你就会知道与会者都有谁。有很多时候，我们清楚地知道我们在向谁传达信息，并将这一点融入我们的内容制作与表达之中。根据我的经验，在生活中的很多其他方面，我们并没有这样做。我们并没有根据受众来塑造和调整我们的讲解。而讲解艺术的一部分，就是在任何需要做出讲解的情境下都做到这一点。正如不了解目标市场就无法经营好企业一样，如果你不清楚自己是在为谁而讲解，就无法像自己期望的那样做好讲解。

在传达信息时，我总是尽可能经常地停下来，确认一下自己对讲解或写作受众的了解程度。如果我觉得了解得还不够，我会通过提问或研究来获取更多信息。对我来说，这个道理很简单：你对讲解受众了解得越多，就越能调整自己的讲解，也就越有可能有效地传达信息。接下来，我们将深入探讨如何在各种情境下都做到这一点，无论是预设情境下的求职面试，还是与中小学教师或大学讲师进行的一场临时或意外的对话。

我们可以从以下五个问题入手：

1. 目标受众：我在对谁讲话？

在做任何讲解之前，我总是希望获取尽可能多的信息。如果我在会议上发言，与会者都有谁？如果我在学校做演讲，会有多少学生参加？他们的年龄范围是怎样的？他们是否有特定的主修科目？如果我在公司内部做演示，会有哪些同事参加，他们的工作内容是什么？如果我要写一封邮件，收件人是谁？为什么写？如果我预约看病，哪些医护人员会参与这次治疗，他们各自的专长领域是什么？谁会决定我的治疗方案？谁不会？

正如本书中的许多建议一样，你可以而且应该根据自身情况加以调整。如果我要面向全球受众推出一款新的新闻产品，我会花数周甚至数月时间去了解我想要向谁讲解这款产品（可能是同事、分销商或者受众本身）。这种了解可能会决定产品的成败。如果我接到通知要在5分钟内与某位公司高层会面，我仍会停下来思考以下问题：对方是谁，他在组织中的位置，他为什么想见我，以及我可能希望从他那里获取什么信息。我可以在60秒内完成这种思考。虽然不一定无懈可击，但总比什么都不做要好（更多关于快速讲解的具体内容见第265页的“快速口头讲解法”部分）。

无论何种情境，清楚地知道我们是在向谁提供讲解，都会让我们处于更有利的位置。

2. 知识评估：关于这个话题，他们已经知道什么，又想了解什么？

当然，你不可能完全了解任何人的知识水平，也无法知晓其中的欠缺之处。不过，我们能够对受众的知识水平做出有根据的评估。受众规模越大、构成越多样化，这项工作就越难，但我们不应因此而不去尝试。即便我们得出的结论是我们对受众知之甚少，那也远比在毫无察觉的情况下进入这种情境要好得多。

在某些情境下，例如对一群与你从事相同工作的同事讲话，你可以准确评估他们的知识水平。而在其他一些情境下，例如在面向公众开放的会议上做演讲，你对将要面对的人或讲话的对象几乎一无所知。

在这种情况下，我会在会议或演讲中提问，以便更好地了解他们。我可以根据他们的回答来调整我的表达。人们通常不会介意你这样做，因为你表现出对他们的兴趣，并努力确保你所讲的内容与他们相关。这并不会冒犯他们。但如果你所询问的信息是很容易获得的，那就会显得你没有用心准备，这可能会引起他们的不满。

思考你的受众已经知道什么很重要，而思考他们想知道什么同样非常重要。在我们此前讨论关于森林大火那期视频时，这一点已有所提及。但如果让我回溯到更久远的过去，比如我作为英国航空公司飞机广播撰稿人的那段日子，我肯定没有问过自己这个问题。

那是智能手机问世之前的时代，如果你不喜欢飞机上播放的电影，你就可以戴上随小管牙膏和眼罩一起提供的耳机，收听一系列循环播放的“电台”节目。其中一档节目是关于文化的，由如今仍在广播4台主持节目的约翰 · 威尔逊（John Wilson）主持。当时的想法是，由我挑选全球范围内的三场文化活动，然后和约翰聊上15分钟。乍一看，这似乎是个简单的任务：挑选活动，然后和约翰聊聊。

对于每一期节目，我都会收集和整理大量有关这些活动的信息。

但谁在听我讲呢？飞机上的乘客，且只有飞机上的乘客。而这些乘客真的在听我详细讲解某个特定活动的实用指南吗？如果我认真想想，答案肯定是绝对没有。大多数听众根本不会去举办那些活动的国家。这个时段只需做到让人觉得轻松有趣、内容生动、听起来舒服即可。这比把活动的每一个细节都塞进去要重要得多。而我当时却选择了硬往里塞。

这档节目中的话题极其多样——这里有樱桃采摘节，那里有国际钢琴节，接着是巴哈马狂欢节。我常常觉得约翰都搞不清自己究竟遇上了什么。一天晚上，我把自己辛苦准备的15分钟节目拿给我的朋友乔听。“这里面内容可真不少。”他听完后淡淡地说。确实如此，内容太多了。在我从事广播行业的早期日子里，我缺乏筛选信息的自信（这一点我们稍后会深入探讨）。如果你曾经在那些航班上听过我的节目，且觉得内容有点多，我向你道歉。

只有更清楚地了解受众已经知道什么、想知道什么，我们才能更准确地判断哪些信息对他们最相关、最有帮助，并因此带来一系列积极效果。

3. 量身定制：他们偏好以何种方式接收信息？

从宏观层面来看，各大媒体和其他领域的许多机构都有受众研究，这能够详细展示不同年龄和背景的人群如何消费信息与产品。他们为不同群体制作内容时，可以依据这些认知进行调整。

如果说这是组织或企业在向大众传达信息时所需进行的宏观考量，那么你或许会认为在个人层面上无须进行同样的考量。但为了使我们的讲解尽可能成功，我们确实需要这样做。

如果你没有充分了解目标受众偏好以何种方式接收信息，那将是一大失策。你可能传达的是正确的信息，但传达方式却不恰当。

下面这个例子来自我职业生涯中一个重要时刻。

示例

从2013年到2018年，詹姆斯·哈丁（James Harding）担任新闻频道的总监。他在办公室里是一个充满活力的人——总是卷起袖子，衬衫也比大多数人多解开一颗纽扣，而且非常有主见。他在与人交流时总是全神贯注，但你也很容易失去他的注意力。正如一位同事所说："詹姆斯总是一路狂奔，然后回头看看团队有没有跟上。"答案是——团队并不总是能跟上。

新闻频道有数千名员工，与总监一对一会面是非常罕见的。然而，在2014年，我尝试请求与詹姆斯会面，因为我需要他帮助调整我的主持工作安排。同时，我也希望向他提出我对流媒体新型新闻节目的想法。

这次会面被排进了日程，只有15分钟。考虑到总监确实很忙，这样的安排很合理。

我为每个主题准备了两份简短的陈述，分别进行了演练。在演练过程中，我回想起之前与詹姆斯的几次互动，以及他在会面中的表现。他能很快抓住要点，如果他觉得已经明白了对方的意思，他就会迅速推进谈话。

在考虑了我所了解的这些情况之后，我删减了一些内容，并再次对陈述进行演练。每次演练时，我都会问自己剩下的内容是否是必不可少的。

到了会面的时候，我用45秒讲了对于自己工作安排的想法，用90秒讲了对于流媒体节目的想法。在那90秒快结束时，我都能感受到詹姆斯已经迫不及待地想要开口了！

几周之内，我的工作安排得到了调整，同时还获得了对尝试制作流媒体节目的进一步支持。

在这个情境中，我认真思考了向谁传达信息、需要哪些细节、不需要哪些细节、我有多少时间，以及在哪些方面最容易失去对方注意力。这一次，我所做的准备发挥了作用。

无论是从宏观层面还是个人层面来看，我们越是用心评估他人所偏好的信息获取方式，就越能更好地调整自己的讲解方式。我们越能更好地调整讲解方式，这种讲解就越有可能吸引我们的受众。受众对这种讲解越感兴趣，他们就越有可能理解这种讲解。

至此，我们已经思考了我们的讲话对象、他们对某个话题的了解程度，以及他们偏好以何种方式接收信息——接下来，我们要确保这种讲解是专门为他们而准备的。

4. 让内容专属化：如何更有效地传达出这些内容是专门为他们而准备的？

如果你认为某件事与你有关，你就更有可能关注它。我们生活在一个从醒来那一刻起就不断有海量信息向我们涌来的世界里。不可避免地，我们一直在不断地、常常是无意识地决定哪些信息值得我们关注，哪些可以忽略，或者至少不需要认真对待。这就是我们为传达信息所做出的一切努力的背景。当我与詹姆斯会面时，至少在几分钟之内，他完全专注地听我讲。但这只是个别情况。大多数时候，我们都在不断地争夺人们的注意力。**吸引注意力最有效的方法之一，就是让你的目标受众意识到，你所提供的信息是专门为他们而准备的。**

以电子邮件为例。我们中的很多人收到的电子邮件数量成了一个问题。处理收件箱里的邮件有时感觉就像一项工作。尽管还有许多其他信息传达方式，但在工作领域的许多方面，电子邮件仍是最常用的方式。

然而，人们收到的邮件越多，他们阅读你发来的邮件的可能性就越低。

这对企业来说是个日益严峻的问题。随着邮件数量的增加，员工对每封邮件的关注度不可避免地下降。

我之所以提及这些，是因为我为收到邮件回复所做的努力确实对我的工作产生了影响——而这些努力让我看到了一个远不止适用于我们收件箱的互动模式。每当我进行讲解时，我都会牢记这一点。

那就是：如果有人觉得你在和他们讲话，他们就更有可能予以关注并做出回应。同样，如果有人觉得你在向一群人传达信息，而并非特别面向他们，他们的关注度就会弱一些，且不太可能做出回应。

你或许知道关于工作会议的那句老话："如果这次会议我来不来参加都一样，那我就没必要来。"群发邮件与此类似。如果有人觉得他们不回复也不会有什么特别的后果，那他们很可能就不会回复。他们会有意识或往往无意识地断定其他人会来处理这件事。

几年前，我注意到这种情况变得越发明显，于是我开始思考自己能做些什么。

我写到这里时也清楚，承认自己是那种会琢磨如何提高邮件回复率的人，可能会让人觉得我是个挺无聊、没什么社交，甚至有点“闷”的人。但请听我说完！乍一看，这个话题确实让人提不起什么兴趣。但对我而言，在我努力让各种想法落地的时候，能否收到邮件回复——尤其是那些真正就邮件内容进行深入交流的回复——对我所做的事情成功与否有着巨大的影响。

我决定试着做个试验。在邮件主题栏里，我不再写诸如“我们的预算”“营销咨询”“下周会议计划”之类的内容，而是直接写收件人的名字，比如“嗨，戴安娜”“嗨，萨钦”“嗨，安德鲁”等。大多数时候，这招都很管用。在收件人打开邮件之前，他们就知道这是发给自己的邮件。关于简短的书面讲解的更多内容，我会在第267页详细探讨。不过，现在要记住的是，始终思考如何让你的讲解清楚地表明它是为受众量身定制的。

示例

随着传达信息的对象越来越多，要让人觉得你在向他们传达就会变得越来越困难。我应对这一问题的方法，源于我在主持一档听众来电节目时学到的一种技巧。

每天我们都会选定一个话题、一则新闻或一个热点，邀请听众互动。这些听众来自世界各地，其中一些最大的听众群体在尼日利亚、塞拉利昂、利比里亚、肯尼亚、乌干达、牙买加、美国以及英国。而且如你所料，我所属频道的总体听众数量相当庞大。鉴于此，你可能会认为，每次节目开始时，我一提出问题，就会立刻收到大量消息和来电。但事实并非总是如此。

我们的话题来源于世界各地的新闻事件和讨论中的议题。这些新闻事件往往很重要，但在某些情况下，对乌干达人和肯尼亚人来说关系重大的事情，对英国或美国的听众来说可能就没那么重要了。如果我提出一些开放式的问题，比如“请告诉我你的想法”“你希望政府现在该怎么做？”或者“抗议者要求总统下台，你觉得他们的诉求是否合理？”，可能并不会得到热烈回应。

后来我开始注意到一个规律。我开始更有针对性地提问。

回到我们假想的关于乌干达和肯尼亚的新闻事件，如果我直接问“这是谁的错？”，可能回应寥寥。但如果我在提问前加上一句“如果你在乌干达或肯尼亚收听”，然后再问同样的问题，我往往会得到更多的回应——尽管这样一来，我就把大部分不在这两个国家的听众排除在外了。

我继续做实验。我们经常讨论的是诸如气候变化这样的全球性问题。同样，我不再提出开放式的问题，而是问：“如果你在美国收听，你希望你的政府采取什么行动？”“如果你在澳大利亚收听，气温上升会对你有什么影响？”，诸如此类。同样，我越明确地提出问题，人们就越觉得我在对他们讲话，他们的参与度也就越高。

如果你留意一下那些出色的电话连线节目主持人，就会发现他们也经常这样做。这能让受众感受到，这是一场专门为他们而设的交流。

一旦你开始用心去根据受众调整自己的信息传达方式，你就会发现自己在何种场合都能做到这一点。我经常受邀在会议上发言，或者为某个特定的新闻机构做演讲。面对这样的听众，几乎可以肯定其中涵盖了广泛的人群和职业领域。在这种情况下，我会先试着弄清楚在场的都有哪些人群，然后针对其中的不同人群进行发言。“对于从事播客制作的朋友……”“对于从事长视频制作的朋友……”“对于从事实时音频制作的朋友……”，诸如此类。或者，如果我在一所大学里演讲，而且我知道大多数听众是历史专业的学生，我可能会说：“我知道你们都在攻读历史学——接下来的这一点直接关系到你们获取信息的方式。”这是一种低调得多的“摇滚风”做法，就像乐队主唱在体育馆向歌迷喊话：“来自曼彻斯特的朋友们在哪里？来自利物浦的朋友们在哪里？”然后每个区域的歌迷依次欢呼。这种做法旨在表明：“我知道你们在这里，很高兴你们来到这里，我正在为你们量身定制我要表达的内容。”

我最能说明这一方法有效的例子是50：50计划。正如我之前提到的那样，该计划旨在使媒体内容的贡献者多元化。从一开始我就决定，要尽可能多地直接与参与者进行面对面交流和邮件沟通。这意味着我不知道要多少次在小型编辑会上发言、与编辑或制作人员进行一对一的交谈、就具体细节通过邮件沟通，等等。这是一项艰巨的任务，但对于提升计划的参与度和促进其发展至关重要，尤其是在计划刚开始的时候，那时我甚至还不确定能把它做起来。

不过，这个问题也有另一面。如果你让人们可能认为“这与我无关”，那么他们很可能会接受这样的结论。因此，在传达信息时，我不仅会考虑那些我想要与之互动的人，也会考虑那些最有可能感到被忽视的人。

这里有一个发生在我身边的例子。在我的孩子们上小学期间，我会时不时地去学校开一次“新闻集会”。学校里年龄稍大的孩子会聚集到一个礼堂里，他们可以问我任何关于新闻的问题。这种互动非常有趣，同时也是对我新闻讲解水平的一次有力检验——每次他们的问题都会让我措手不及。礼堂里的孩子们年龄从大约7岁到11岁不等，意料之中地，年龄较大的孩子提问更加自信。有一次，当互动快结束的时候，我注意到一些年龄较小的孩子开始变得坐立不安。换作是我，我也会坐不住。

下一次我去的时候，提问还是主要来自年龄较大的孩子，但这次我特意调整了自己的回答，使其更贴近年龄较小的孩子。结果我发现，年龄较小的孩子的参与度更高了，而年龄较大的孩子的参与度丝毫未减。

你越能让受众感受到内容是专为他们而准备的，他们的参与度就越高，二者之间存在直接关联。

到了这一步，我们已经调整了要表达的内容，并且尽一切努力表明这些信息是专门为受众而准备的，但还可能存在一个问题。如果你并没有让受众信服该怎么办?

5. 建立可信度：如何让受众觉得你可信?

如果我试图向某人讲解某事，我需要在特定话题上让他们觉得我是可信的。如果我缺乏可信度，那么他们对我所讲内容的确信程度就会大打折扣。

单口喜剧就是一个对可信度要求极高的领域。如果你是一位在大型场馆演出的知名单口喜剧演员，那么你基本已经赢在起跑线上了。

观众之所以买票来看你的演出，是因为他们相信你有趣、值得一笑。等你一登台，他们早就准备好放声大笑了。然而，如果你是在开放麦之夜表演的单口喜剧演员，观众根本不知道你是谁，那么你就得赢得他们的信任。如果你每次讲的笑话都能成功逗乐观众，你的可信度都会稳步上升。我能想到很多次，每当一位单口喜剧演员登台时，你能感受到观众席中弥漫的紧张情绪，而一旦他们意识到该演员能够胜任表演，全场气氛就会放松下来。

这种情况在许多场合都会以不同的形式上演，尤其是当讲话者对听众来说是陌生面孔时——比如新培训讲师、新接手班级的教师、新上任的足球队教练、新部门主管、新接手治疗的理疗师，以及报纸上的新专栏作家。或者，如果你从事市场营销，试图推广一款新产品，那么你将花费大量精力在潜在买家眼中树立公司和产品的可信度。你肯定能想到很多自己亲身经历过的例子，无论是作为寻求受众信任的一方，还是作为判断他人是否具有可信度的一方。有时，个人或公司的信誉走在我们前面，这会对我们大有助益。有时，我们则必须从零开始建立起自己的可信度。无论是哪种情况，如果我们想要获得机会，可信度都是必不可少的。

清楚自己的可信度基于什么，并且清楚自己想用何种语言来传达这种可信度，会大大增加你被倾听的机会。我在推动50 : 50计划过程中对此深有体会。我确保，向记者和制作人说明理由的人，本身就是记者或制作人。这意味着，如果有人表示："这对我们来说非常困难"，我们就有资格表示我们理解，因为我们也面临过同样的困难。

不用说，我们并不总是在开口之前就具备可信度。我们所面对的人可能对我们一无所知，他们也可能认为自己比我们更了解我们所谈论的话题。在这种情况下，思考如何建立起自己的可信度就显得尤为重要。

示例

这是我在开始思考我的讲解视频时所面临的问题。虽然这些视频已经比我曾经大胆预期的还要成功，但早在2019年，它们还只是在三四张纸上勾勒出的想法，能否成功还远未可知。我之所以能够将它们付诸实践，部分原因在于我能够在观众和同事眼中建立起一定的可信度。

我回看了大量旧邮件，寻找当时我对这个想法的表述。以下是我能找到的最早的一封邮件中的部分内容：

> 我认为人们最想要的是清晰明了的讲解、富有价值的信息、对已发生之事犀利而精准的分析，以及揭露虚假信息的勇气。而且要以真实、权威、高效的方式做到这一切。我认为我们能够做到这一点。

我最后强调道："人们普遍认为，在新闻简报中这样做无法保持中立性。但我们可以。"

这是一个提案，旨在以一种与公司通常制作的节目截然不同的形式，来进行新闻的报道与分析。这种形式要求主持人既负责报道又负责分析，还采用了更为直接的方式——用当时我的同事加文·艾伦（Gavin Allen）的话来说，就是"坚定的中立性"——而这带来了额外的声誉风险。更不用说，我不能保证观众或我的同事们会喜欢这种节目形式。

两年后，我们的讲解视频已经累计获得了数百万次播放，

《星期日泰晤士报》（*Sunday Times*）的记者罗莎蒙德·厄尔文（Rosamund Urwin）称其为“一种新的报道形式”。这一切的成功并不是因为我有了这个想法，就认为自己全都懂了，然后一意孤行。恰恰相反，在那两年里我费尽心思地在两个关键受众群体——我的同事和上司们，以及更重要的，观众中树立了自己的可信度。或许概述一下我是如何做到的会对你有所帮助。

◎ 我评估了自己所拥有的初始可信度

要准确评估自己所处的位置并非易事，但在2019年，我自认为是新闻频道的一名中等资历的主持人。如果说我有什么出名的地方，那大概就是我曾在节目中使用一块巨大的触控屏。对我来说，制作这些讲解视频的挑战在于，人们对于公司新闻频道的主持人有着一定的期待，而我即将做的事情却有些与众不同。

我需要让同事和观众放心，我所做的事不会损害新闻频道对公正与中立的承诺。同时，为什么观众和同事们会认为我适合做这件事？他们很可能并没有这样的期待。

为了应对这一问题，我草拟了一份计划。

◎ 我与很多同事进行了沟通并倾听了他们的意见

我首先与一些同事进行了沟通，他们的支持对我至关重要，这些同事包括：我的直属编辑、部门负责人、节目制作人，以及公司新闻网站的同事。这些对话并非一次性的，而是持续进行的。我向他们每个人都尽可能清晰地阐述我的想法。在阐述我的想法时，我也倾听他们的意见并调整自己的想法。我在为这个想法建立可信度的同时，也通过同事们的反馈来完善这个想法。

◎ 我制订了一套编辑流程

我制作讲解视频的一部分流程是，每篇视频稿都会由几位高层人员审阅，并交由特定领域的专家过目。在这之后，只要存在任何疑虑，我们就不会继续制作。我们总是倾向于谨慎行事。但如果一切顺利，那也得益于几位才华横溢的同事的帮助与支持。他们的可信度也是节目可信度的一部分。

每期视频发布后，我都会将其发送给公司内部一长串高管、编辑和记者（其中一些人并未参与制作），并恳请他们对我所做的工作提出批评意见。这提高了大家对我所做工作的认知，更重要的是，这也有助于改进节目。这还意味着，尽管我在做新的尝试，但并未脱离组织。

起初，我们只在我的节目和我的推特上使用这些视频。随着时间推移，对这些视频感兴趣的部门越来越多。如今，这些视频已广泛用于公司的各类节目。每周，这一切都是组织内部各部门同事针对每一期新视频所做决策的结果。这一切都取决于我的可信度、出色的制作团队的可信度，以及节目本身的可信度。

◎ 我同受众进行交流

我也与受众保持着联系。起初，这些视频引起了一些惊讶。当这种惊讶通过社交媒体或电子邮件反馈给公司时，无论是正面的还是负面的，我都会主动回应并解释我们的做法。随着一期又一期视频的发布，起初有些另类的东西逐渐变成了观众所期待的东西。而且随着每一期既受欢迎又公正的视频发布，我在观众眼中进行此类讲解性分析的可信度也在不断提高。

◎ 我将可信度融入每一次讲解中

到目前为止，我所详细讲述的一切，都是在数月乃至数年的时间里，为了在同事与观众中建立起可信度所做的长期工作。不过，我猜你可能在想："要是无法在很长一段时间内建立起可信度该怎么办？"在很多情况下，我们的信息传达对象都是对我们一无所知的人。

就我的讲解视频来说，我的应对方式就是将能够证明我具有可信度的证据融入讲解中。正在观看某一期视频的人，很可能既非从电视上认识我，也从未看过我们之前发布的任何一期视频。对于这类人，我就要从零开始建立起自己的可信度。为了应对这种情况，我在制作视频时会采用一种能即时建立起可信度的方式。如果我要直截了当地断言某事是正确的或错误的，我会把支持性证据附在断言旁边。这会让我的陈述立刻具有事实依据，这也有助于我即时建立起可信度。无论是对于这些视频还是其他情况，我都会用以下这份可信度清单来检视自己：

- **我对受众来说可信吗？**

我希望受众如何看待我，我是否达到了这一目标？

- **我需要让谁觉得我可信？**

能否将他们视为一个整体，还是说存在不同的群体？

对于每个群体，是否有长期的方法来建立起我的可信度？

如果有，我具体应该怎么做？如果没有，我该怎么做才能迅速建立起自己的可信度？

- **我的哪些经验和知识能提升我的可信度？**

  我能否在这些领域顺畅且精准地表达？

写到此处时，我想起了几年前读过的一篇文章。那篇文章讲的是政客如何提升对选民的吸引力——不过，该文章借鉴了一些关于求职面试的建议：想一想他们会以什么理由不录用你，以及你如何消除他们的这些疑虑。

这与可信度息息相关。无论是像求职面试这样的单次事务，还是像你试图推动的想法、产品或业务这样的长期事务——都要问一问自己：我在哪方面还欠缺可信度？然后你就能想办法来解决这个问题。

每当我们试图做出讲解时，都有机会运用语言、信息和语气来即时提升自己的可信度。

简要回顾

此部分有很多内容需要消化，但我希望这能让你不仅思考自己在讲什么，还思考自己在对谁讲。以下是对那五个问题的回顾：

1. **目标受众**

   我在对谁讲话？

2. **知识评估**

   关于这个话题，他们已经知道什么，又想了解什么？

3. 量身定制

他们偏好以何种方式接收信息？

4. 让内容专属化

如何更有效地传达出这些内容是专门为他们而准备的？

5. 建立可信度

如何让受众觉得你可信？

将理论付诸实践

到现在为止，你已经接触了不少理论知识。我一直觉得，只有在深思熟虑并明确自己为何要做某事之后，我才能把这件事做到最好。当然，我并不期望你每次需要做出讲解的时候，都去通读本书的第一部分，但我希望，我所阐述的目标和理由，能为你将理论付诸实践打下良好的基础。我所讲的某些内容必然相较于其他内容更能引起你的共鸣。抓住那些真正击中你的想法。你已经看到，一路走来，我收集了各种各样的例子，这些例子对其他人来说可能无关紧要，甚至与讲解本身没有直接关系，但对我而言，这些例子有助于我更好地理解如何更有效地传达信息。你也会有对你很有用的例子。这些例子可能在你阅读本书时浮现，也可能在你思考讲解的过程中浮现，或者在某个你意想不到的过程中浮现。无论这些例子何时出现，都不要让它们溜走，动笔记下来，或者记在心里。这些例子将有助于你塑造和构建你看待信息的方式，以及你想要传达信息的方式。

我希望，到目前为止，我所讲述的大部分内容最终都能成为习惯。在讲解某事时，你有了可以努力达到的标准，也有了关于向谁讲解的一些考虑因素。接下来，我们要在此基础上构建一些系统。在我看来，这些系统对于将我们对高质量讲解的期望转化为切实可行、灵活且实用的东西是必不可少的。

当我们从理论转向实践时，你无疑会有这样或那样的疑问。

“简洁性”“高效性”以及“精准性”似乎是相辅相成的。“无干扰”也与之契合。让你的讲解“吸引人”“有用”以及保持“目的明确”亦是如此。

然而，我们如何在做到这些的同时，还能包含“关键细节”“复杂信息”和“背景信息”呢？我们如何做到在讲解公正、有益、充分的前提下，又删繁就简，让人愿意听下去呢？

正如伦敦玛丽女王大学（Queen Mary University of London）政治学教授蒂姆·贝尔（Tim Bale）在一条推文中所说的那样，这一难题在于：“精练与全面之间的平衡”。我们能否在充分考虑讲解受众是谁，以及他们可能偏好以何种方式接收信息的情况下，找到这种平衡呢？

所有这一切可能让人觉得需要考虑的东西实在太多了。确实如此！但有一种方法可以让你从感到畏难，转变为在任何情况下都能出色地进行讲解。

在此，我觉得自己应该管理一下期望值。我不会像竞猜游戏那样，先打一阵急促的鼓点，然后“砰”地一声，揭晓答案。根据我过去三十年的经验，讲解能力无法以这种方式得到提升。相反，高质量的讲解，往往是许多小决策协同作用所产生的累积效应的结果。当我撰写一份特别重要的报告、演讲稿或演示文稿时，我常常会经历一个难熬的时刻，感觉迟迟无法取得突破。我已经收集了大量信息，却无法理清哪些该加进去，哪些不该加进去，也找不到合适的叙事结构来帮助我塑造想表达的内容。（我可以肯定，在撰写本书过程中，这种真切的感受在不同阶段反复出现过。）

随着我年龄的增长和阅历的丰富，我学会了在这种时刻试着把焦虑抛到一边，转而依靠一套屡试不爽的方法，最终总能让我成功应对。我知道，只要我坚持做对的事情，即便不能保证，也极有可能很好地做出讲解。而真正做到这一点，本身就能为我们带来一种巨大的成就感。所有不同的步骤和微小的调整，单独来看，可能会让你觉得很麻烦。我记得有几次有人想看看我是如何编辑视频稿或新闻片段的。当我向他们展示时，从他们的眼神中我能看出他们在想："他为什么要如此纠结于这样微小的细节呢？"不只是事实细节，还有我的用词，以及用词方式上的细微之处。我之所以这样做，是因为细节累积起来会形成一种大于各部分之和的整体效果。

这种细致周全的方法，正是我建议你在为重要时刻做准备时所采用的。这些时刻包括会议发言、面试、演讲、推介、写论文、写文章、考试、致辞、制作简报文件、讲课、开员工会等等。我称之为"七步讲解法"，在接下来的章节中，我会详细介绍。在给出建议的同时，我也会解释这样做的理由。正如我之前所说，我认为如果我既说明该怎么做，又解释为什么值得这样做，那么从长远来看，你就更有可能发现这样做是有用的。

不过我也明白，一旦你熟悉了这套系统，每次查阅本书时就不希望看到所有这些细节了。因此，书中每个部分都附有总结。

当然，还有许多类型的讲解并不需要你仔细阅读"七步法"中的每一个细节。在这些更加日常的情境中，我们仍然需要清楚自己想要表达什么以及如何表达——但有更简单、更实用的方法来为此做好准备。通常，对于较小的讲解任务，完整采用"七步法"肯定没有必要。本着这种精神，本书末尾有一份关于更简短的口头和书面讲解的指南。

说了这么多，让我们开始吧！

3

SEVEN-STEP EXPLANATION

第三部分

七步讲解法

整个流程看起来是这样的：

1. **设定框架**
2. **搜集信息**
3. **提炼信息**
4. **组织信息**
5. **串联信息**
6. **精简打磨**
7. **传达呈现**

这些词语单独来看可能还不太容易理解，但这就是我们要依次完成的七个步骤。接下来，我们将逐一探讨每一个步骤。

第1步 设定框架

假设你知道在一个即将到来的情境中，你需要详细地作一番讲解。姑且假设这是一个可控的情境，比如写论文、做报告、做演示、做演讲、开讲座，或者做工作简报，在这些情境中你有机会进行较为详尽的表达，无论是口头还是书面。

（后文我们会探讨未知或动态情境，如谈话、面试以及会议等。我们接下来要做的工作对于这些情境也会有所帮助。但目前，我们将专注于处理一种情境，即我们可以选择自己想表达的内容，并有机会充分表达。）

我们将从一系列问题入手，所有这些问题都可以用一两句话来回答。

- **你希望讲解和/或传达什么？**

请用一句话概括。如果你觉得有困难，那就写一段话，把你认为的此次讲解的目的全都写下来。然后反复读几遍。你会如何概括其总体目的？再试着用一句话来概括。如果还是觉得有困难，那就试着写一系列单句，概述你认为的目的。有没有哪一句让你觉得更重要？或许这句话就可以作为总体目的。如果没有，你是否可以找同事、朋友或家人来讨论一下？如果你能明确自己讲解的目的，这将非常有助于你接下来做出的每一个决策。

接下来的问题将与你在本书前一部分看到的类似。

- **你的讲解受众是谁？**

用一句话来回答。

- **你的受众是否在知识背景上相对一致？**

是/否

- **你如何评估他们对于这个话题的了解程度？**

- **你会如何总结他们希望从你这里了解到什么？**

- **你的讲解需要回答哪些具体问题？**

- **你对他们偏好以何种方式接收信息了解多少？**

如果可能的话，请为上述后四个问题分别列出一些分项。你是否有信心回答这些问题？如果有，很好。如果没有，那么说明你还不够了解你的讲解受众，因而你需要思考下一个问题。

- **有没有什么办法能让你了解受众更多的情况？**

列出一些分项。

- **你的讲解将在哪里进行？**

用一句话来回答。

- **有固定时长吗？**

具体说明字数或分钟数。

- **时长限制是否严格？**

是/否

示例

我可能会这样准备在新闻学院的演讲。

你的讲解受众是谁？

——大约30名新闻专业的本科生。

你的受众是否在知识背景上相对一致？

——是的。

你如何评估他们对于这个话题的了解程度？

——他们对新闻与媒体工作有着浓厚的兴趣，但仍在学习实际操作和基本原理。

——他们高度关注新闻，对主要新闻事件有所了解，但未必掌握全部细节。

你会如何总结他们希望从你这里了解到什么？

——他们渴望了解新闻制作和媒体工作的实务要领。

你的讲解需要回答哪些具体问题？

——我是如何成为一名记者的。

——我们是如何制作一部讲解视频的。

——我是如何避免在新闻报道中掺杂个人观点的。

（以上三点只是这份清单的开头部分——我们稍后会进一步扩充。）

你对他们偏好以何种方式接收信息了解多少？

——不完全了解，但他们想要学到很多东西，而不仅仅是享受这次演讲。我需要尽可能地让内容实用——提供尽可能多的可以带走的知识。我需要清晰地指出最重要的经验教训，以便于他们发现和理解这些教训。

你能回答上述后四个问题吗?

——不能完全回答。

有没有什么办法能让你了解受众更多的情况?

——我打算向组织这场演讲的讲师发邮件询问，这样我就能更清楚地了解他们所修的课程、他们的专业方向，以及他们特别想了解的任何具体方面。

你的讲解将在哪里进行?

——在大学的演讲厅里进行面对面的演讲。

有固定时长吗?

——45分钟。

时长限制是否严格?

——总体来说，是的。不过，演讲和问答环节的时间分配比较灵活。

大多数时候，回答这些问题用不了10分钟。你读到这些问题时可能会想，这些都太显而易见了，为什么要多此一举呢？你说得没错，这些问题确实都在我们的基本考虑范围之内。但是——这是一个非常重要的“但是”——人类长期以来都有一个习惯，那就是面对自己将要做的事情，不会停下来问自己显而易见的问题。很多时候，我会仔细思考这些问题，然后心想：“哦，当然我应该把那一点考虑进去”或者“当然我不想那样做”。当我想到某个问题时，我都会觉得这显

而易见。问题在于我在想到之前并没有这样做！

“设定框架”的理念在于让我们意识到自己将要做的事情。这有助于我们明确努力的方向。如果你在回答这些初始问题时，所有答案早已浮现在脑海中，那么这样做也并没有什么坏处。不过，通常情况下，这样做有助于激发我们的灵感，让我们更清楚自己将要做什么。讲解并非凭空进行的，而是在特定情境下，为了特定目标而进行的。“设定框架”可以确保我们明确这些情境和目标。

快速检查：

你对自己将要做的事情及目标受众是否有清晰的认识?

如果你对此有了清晰的认识，那么接下来你就可以开始为自己的讲解收集信息了。

第2步 搜集信息

无论你对某个话题是否有足够的了解，着手构建一个详尽的讲解都可能让你望而却步。我在工作中的大部分时间里都负责讲解，尽管如此，一开始还是会感到有些不知所措。

我该从何处入手？我真的能做到足够了解这个话题，进而娓娓道来吗？我真的能把所有内容都讲清楚吗？也许这个话题太难讲解了？我有时间把所有内容都讲完吗？这感觉就像站在山脚下仰望山顶。

读大学时，每周面对最新的历史论文题目，我都会产生这种感觉。而现在，无论是制作讲解视频、做演讲还是参加重要会议，每周我依然会产生这种感觉。在这种情况下，我会试着做个深呼吸，然后直接开始。我这里所说的“开始”并不是指试图想清楚自己究竟要讲什么。你完全可以先不考虑如何做到简洁明了、条理清晰。你只需收集可能相关的资料。这种更高层次的认知——判断信息是否相关——可能难以把握，而且在这个阶段不确定是完全正常的。

有必要补充说明的是，不同于就一个陌生的话题写文章或做演讲，很多时候，我们需要就一个自己非常熟悉的话题进行讲解。你可能要为一款自己参与开发的产品做推介。或者，你是一名戏剧或音乐教师，即将介绍一部新的作品。在这种情况下，你对可用的相关信息一定非常了解。我们这里要做的不是梳理信息，而是把我们认为可能相关的所有信息都集中到一处。

（本书的撰写工作最初是在一个名为“信息堆”的Word文档中开

始的。不管我接下来要讲的内容有何可取之处，我确实做到了身体力行。）你要收集多少信息，在一定程度上取决于话题的广度，以及可获取信息的多少。如果时间允许，最好多收集一些，因为你随时可以删减。

首先问一问自己：

- **我应该去哪里以及如何搜集信息？**

在开始收集信息之前，最好有一个大致的方向。你知道自己的“目的”，但可能对话题并不太了解。尽管如此，还是先从这个问题入手。

- **我希望讲解该话题的哪些部分？**

列出要点。如果你收入了一些可能最终证明与该话题不相关的方面，或者遗漏了一些方面，不必担心。如果你对该话题不太熟悉，这是可以理解的。只要写下你认为自己想从哪些方面入手即可。

然后信息收集工作就开始了。

关于信息来源的几句话

你从哪里获取信息，当然取决于你想讲解的话题。不过，在我们收集所需信息过程中，可以遵循一些指导原则。

首先，我们需要建立一个事实基础，以此来构建我们的讲解内容。这些事实是话题的核心。要找到这些事实，我通常会求助于“直接来源”和“可靠来源”。“直接来源”指的是我们从最了解情况的人那里直接获取信息。比如，如果你要讲解天气情况，信息的直接来源就是气象局；如果我们要预约医生，信息的直接来源就是护士所提供的检查结果；如果我们要谈论一家企业，信息的直接来源就是其公开提交的财务报表。对于如何解读这些信息可能会存在争议，但就信息本身而言，由于从直接来源所获取的信息很可能是准确的，因而这种信息来源很有帮助。

接下来是“可靠来源”。这些信息来源虽然并非信息的原始或主要来源，而是中间媒介，但你有充分的理由相信它们。比如，如果你经营一家小企业，想要讲解近期政府公告可能对你的企业所造成的影响，你可能会引用某个行业协会或媒体机构的观点，因为它们的评估通常是可靠的。鉴于它们一贯准确，因而有理由认为这些信息也是可靠的。

当我开始收集信息时，我总是从直接或可靠的信息来源入手。我还会记录信息的出处。这样，如果日后需要核实某个事实，你就知道它出自哪里。此外，根据你使用信息的方式，你可能还需要在讲解中注明来源。比如，在演示文稿的一张幻灯片中，如果你引用了某个统计数据，就需要注明该数据的来源。如果你在写论文，对于引用的内容则需要添加参考文献。

你可能还想再次核实某条信息出现的背景。比如，当我们在为讲解视频寻找引语时，我们通常只想引用一两句话。所以在使用它们之前，明智的做法是再次核实这些话语的出处背景。保留其原始来源的链接，这可以让我们轻松做到这一点。

有些事实无须进一步核实。比如一家公司任命首席执行官的日期，如果该公司提供了这个日期，我们就可以将其当作准确信息来使用。但有些事实你会希望更加确定无误。这里我有一条很好的经验法则：**“双重来源法则”，即你需要从两个可靠来源获取信息**。至于什么来源才算“可靠”，显然是一个判断的问题——但我通常会参考主流媒体和权威机构的标准来判断。

我的同事们会根据信息来源的过往记录来判断其可靠性。如果这是一个你多次使用且一直准确无误的来源，你就可以合理推断该信息很可能是真实的。而且如果两个可靠来源有着相同的说法，那么这就是一个很好的依据。不过，你仍需要追溯一下事实的来源。

如果你已经建立了你所讲解内容的事实基础，那么你可能还想为你所讲解的内容增添更多的细节和视角。这可能涉及使用你不太熟悉的信息来源，或者那些已知存在倾向性、可能偏向某一特定立场的信息来源。这并不意味这些信息没有价值，而仅仅意味着你需要格外谨慎地处理。你始终有必要思考以下问题：

- 其他人对这一信息来源提出过质疑吗？
- 我在评估这一信息时，是否需要将某种立场或倾向纳入考量？
- 对于发布信息的组织或平台，我了解多少？
- 他们的信息从何而来？
- 能否看到你信任的人在使用这些信息？
- 这个来源所提供的信息是否也被其他来源所采用？他们所说的内容是否一致？

所有这些问题都有助于揭示与信息相关的风险。我还有三个问题要与你分享，这些问题我在工作和日常生活中经常用到。

◎ 信息来源是什么？

我不确定我的女儿们对这个问题多么印象深刻，但这个问题在我们家已经成了口头禅。当女儿们带着关于学校会发生某事的说法回家时，我和妻子萨拉就会这样问。通常当我们问起信息的来源时，她们会说是从朋友那里听来的。而当我们再问她们的朋友是从哪里得知的时，她们没人能确切地讲出来！问“信息来源是什么？”成了一个非常有效的方法，能迅速判断出信息的质量。如果我们找不到信息来源，我们显然有理由对其表示怀疑。如果我们能找到信息来源，我们就要评估其可靠性。就像新闻来源一样，一条信息是来自这个朋友还是那个朋友，会影响我们对其做出评估。一个朋友可能一贯可靠，另一个则不然。我们有时会下意识地进行这样的判断，但越是自觉地这样做，就越能降低依赖或使用错误信息的可能性。

一旦你在日常生活中开始这样做，你就会注意到有多少信息在传播时，其来源要么根本不存在，要么不可靠。在这个“假新闻”和网络谣言泛滥的时代，“信息来源是什么？”是一个至关重要的问题。当你在为任何讲解收集信息时，要始终牢记这个问题。如果任何一个信息来源在确凿无疑地陈述某事，却不能向你展示该“事实”的出处，你就要立刻表示怀疑。该“事实”可能是真的，但你希望做更多的工作来查明其真实性。

◎ **真的？（一边说一边挑起眉毛……）**

第二个问题虽然只有一个词，却是我非常依赖的一个问题。如果你收集到的一些信息对你来说不太合理，不要忽视这一点。原因有二：一方面，如果该信息不合理，它可能是错的；另一方面，如果该信息对你来说不太合理，对你要传达该信息的对象来说，可能也不合理。实际上，当你使用这些信息时，你可能要承认这一点——“尽管你可能觉得难以置信，但事实确实如此……”

当你对某个话题不太了解时，你很容易忽视大脑发出的这句“真的？”。在收集讲解所需的信息时，我总是这样问自己。在日常生活中，当他人向我提供信息时，我也会这样问。**相信自己的直觉是发现**

不合理信息的一个非常好的方法。

◎ 还有谁会知道?

如果我已经问过“信息来源是什么?”和“真的?”，可还是对自己所掌握的信息没有把握，我就会去请教他人。我会想一想谁能帮我判断我所关心的信息是否准确可信。当然，你可以向谁请教，取决于你想要讲解的内容，但大多数时候，总会有那么一个你可以请教的人。如果你正在写一篇高中课程论文，你的老师就会是你的首选请教对象；如果你谈论的是你所在行业的某个方面，你就会知道与之相关的专家；诸如此类。我知道你未必能接触到那个能帮到你的完美人选，但想一想能向谁请教总是必要的。可以肯定的是，你绝不会是第一个纠结于自己所掌握的信息是否可靠的人。

综合考虑上述各点后，当你广泛搜集信息时，将搜集到的任何可能相关的信息都存入你的文档。如有疑问，就一并收录。如果要复制粘贴，一定要在文本顶部注明来源和作者，并附上链接。

你的问题清单

在收集信息时，你不仅要对自己所掌握的信息提出疑问，还要考虑到自己和他人可能对该话题所产生的疑问。

◎ 你觉得哪些内容会让受众难以理解?

我总是尽量预判自己的讲解中哪些部分可能会让受众感到困惑。这可能是因为我所讲解的内容特别复杂，也可能是因为我所描述的事情乍一看似乎不合逻辑。如果你能意识到这些风险，你就更有可能去解决它们。

以你在“设定框架”阶段中列出的那些问题作为起点，在收集信息过程中不断添加问题。你可能有一个问题，也可能有二十个。关键在于，你要对受众对于该话题的普遍疑问保持敏感，并留意讲解可能变得令人困惑或显得自相矛盾的时刻。我再怎么强调这份清单的重要性都不为过。当我即将完成对某个讲解的构建时，最重要的时刻之一就是回过头来按照这份清单逐一检查，以确保我能想到的每一个疑问都已得到解答。**你对受众的疑问解答得越多，他们对你的讲解就会越感兴趣，也会越认同你作为信息来源的价值与可信度。**

◎ 哪些内容你自己并不理解？

我喜欢这个问题，并且一直都在用。自欺欺人地以为自己懂了，实际上却不懂，这很可能随后会带来麻烦。正如我们之前所讨论的那样，我们需要先理解，然后才能做好讲解，所以试图绕过这个过程是没有用的。我的同事玛丽·富勒（Mary Fuller）在这方面做得很出色。“我想在这上面多花点时间。”玛丽会说。她会发现我们视频中的某个部分讲得不够明白、不够有说服力。这几乎总是因为我们并没有真正弄明白。玛丽会说：“给我二十分钟”，然后直接专注于弄明白某个问题。最终的结果不是花费了更多的时间，而是把视频做得更好。有时，这种情况会在讲解内容构建进行到一半的时候出现，但只要有可能，我都会尽量提前解决。我早已欣然接受了自己的无知，并且一直注意这一点。

如果我必须讲解一个远非自己专长的话题，这份清单就是必不可少的。但即便对于自己熟悉的话题，也总有某些方面我可以打磨得更好。我一边着手整理这份汇集所有与该话题相关信息的文档，一边开始列出这份清单。在探究该话题过程中，每当我感到困惑时，我就会把疑问记下来。我可能会立即尝试寻找答案，并把相关信息与其他信息放在一起。但有可能我对该话题所掌握的信息没有问题，只是没理解而已。我不会在这一点上纠结下去。我在这一阶段的目标是收集信息，并记下令我感到困惑的地方。这种困惑迟早会得到化解。

保存好这份清单。你可能要继续往里添加，而且在整个七步流程中我们都会用到它。

◎ 你是否发现了你想要了解更多信息的话题领域？

我们希望确保涵盖所有方面。如果你不确定自己是否已获取所需信息，那就回过头去搜集更多信息。宁可快速获取更多信息，后面再删减，也不要不考虑收入更多信息。

- 在你的原始清单中添加任何欠缺的信息条目。
- 收集有关那些话题的信息，并将其添加到信息堆中。
- 仔细查看整个清单。是否每个条目都有了相关信息？
- 如果有，那很好。如果没有，接下来你打算怎么做？

如果你在搜集信息时感到吃力，要记住你几乎总是可以向他人请教。只要方式得当，很少有人会介意他人向他们请教专业领域的问题。

举个简单的例子，我们是如何帮女儿爱丽丝准备学校考试的。有好几次她都来找我，说：“我不确定我是否需要复习这个——我不知道我们是应该专注于课本还是讲义。”我想如果我花时间的话，最终会给她一个答案。但更好、更快的选择是让爱丽丝去询问教那门课的老师。这似乎是显而易见的事，但对于很多孩子，包括爱丽丝，有时可能意识不到自己哪里需要请教他人，或者不知道该如何请教他人。所以，当爱丽丝在复习时，我建议她准备一张纸，在上面写下她对学习资料的疑问。有些科目她可能一个疑问都没有，而有些科目她可能有多个疑问。对于那些她存在疑问的科目，她会去向老师请教。这是一件很简单的事——就像本书里的许多想法一样——但每当我们发现有不明白的地方就系统性地请教他人时，这会非常有效。

让我们暂停一下，想一想我们目前的进展。如果说我们的框架设定是地基，那么我们收集的信息，就是我们所建造的大楼的第一层。我不会举例说明如何收集信息，因为此类内容会非常杂乱、冗长，而且乏味。

快速检查：

到目前为止，你应该已经拥有：

- 一份对你想要讲解的内容及受众的概况
- 一份你认为受众想要得到解答的问题清单
- 一份你尚未理解，或希望更深入理解的内容清单
- 一份你认为需要涉及的话题领域的清单
- 一堆有关该话题的信息

一切顺利的话，你现在应该有了一份清晰的概要及原材料。如果那堆信息看起来庞杂且难以处理，别担心——我们马上就要着手处理了。接下来，我们进入第3步。

第3步 提炼信息

我来自英格兰西南部的康沃尔。在18世纪和19世纪，康沃尔的矿冶业曾盛极一时。这里生产的锡一度占了全球锡产量的大部分。康沃尔的矿工们远赴各地分享他们的技术。如今，锡矿都已关闭，但仍有几处可供参观。

吉弗锡矿位于康沃尔北部海岸的悬崖之上，距离南北海岸交汇处的兰兹角不远。

加工矿石的地方被称为“冶炼厂”。在这里，从地下开采出来的巨大锡矿块，经过大幅度的提炼，最终成为锡锭。

冶炼厂是个神奇的地方。如今这里一片寂静，只能听见游客和导游的声音，但不难想象它全速运转时，那持续不断的机器轰鸣声。四周是各种机器——包括那些巨大的摇床，它们的名称恰好说明了它们的作用。这些机器的作用是将开采出来的原材料转化为有价值的资源。冶炼厂里的一切都被多年积下的灰尘染成了赭红色。

主厂房里有一台叫作“球磨机”的机器。提炼矿石的第一步：将矿石装入这个内部装满大钢球的巨大滚筒中，随着滚筒旋转，矿石开始破碎。如果没有球磨机，后续所有的提炼步骤都无法进行。你可能已经猜到我要表达什么了。对信息的处理，我们也需经历同样的过程。如果想要有效地组织和讲解信息，尤其是在信息量很大的情况下，你不太可能一次性就完成，当然我自己也做不到。我会针对不同的阶段采用不同的流程。

我们现在正处于运用“球磨机”的阶段。

提炼信息的目的在于，将我们所掌握的信息拆分至绝对的最小元素，即最小的信息点。我们希望每个元素都以最清晰、最可用的形式呈现。为此，我们需要剔除任何对理解这些元素非必要的东西。你完全不必担心信息的排序问题。在这一步，我们要做两件事：提炼相关或可能相关的信息，剔除我们肯定不需要的信息。

第一轮筛选

现在开始：

- **提醒自己牢记“目的”**

我们需要时刻牢记目的。这不是考察信息是否有趣，而是考察其是否相关且必不可少。

- **开始评估你所掌握的信息**

无须过度思考，直接从你已有的任何信息开始。

- **阅读信息时，问一问自己：这是否相关？**

逐行逐段地阅读，并持续这样发问。

如果答案是否定的，就将其“剪切并粘贴”到文档底部或新建文档中（如果是相对简短的讲解，我建议选择前者；如果内容较长，新建文档会更方便）。

如果答案是“是”或“可能”，那就将其保留。

- **对于你决定保留的每个部分，都要问一问自己：其价值是什么？然后开始剔除其他部分。**

专注于有价值的信息，剔除其他一切内容。你不需要完整的句子（实际上，除非是引语或你确定想要保留的一段文字，否则你根本不需要完整的句子）。不要跳过这一处理步骤。如果你留下了包含单个要点或事实的完整段落，你最后仍需回过头去进行同样的处理。而在此阶段就完成处理要好得多。只有在你不确定是否需要某条信息时，你才可以不去动它。我希望自己很快就能更有把握地做出这一判断，而在此之前，我会让其保持原样。

示例

以下是“Bitesize”网站上关于索姆河战役的一段文字：

索姆河战役于1916年7月1日打响，就在这一天，英军伤亡人数达到了有史以来的最高纪录——19 200人阵亡，约60 000人负伤或失踪。大多数伤亡都发生在无人地带前100米以内。

以下是我希望保留下来的信息：

1916年7月1日

英军伤亡人数创历史之最

19 200人阵亡

约60 000人负伤或失踪

大多数伤亡发生在前100米以内

在你梳理这些信息过程中，一长串的事实、表述、论点、引语、数据、图表、理论等等就会逐渐浮现出来。这些元素是你认为对自己的讲解有价值的部分，你需要以最简单的形式呈现。

随着你对话题进行探究并开始提炼这些信息，如果一切顺利的话，令人愉快的事情就会开始发生。渐渐地，你一定会对自己所探究的话题，以及想要表达的内容有更清晰的认识。渐渐地，你一定会对这个话题变得越来越熟悉，你会开始看到信息之间的关联方式。而且你的信息堆的大小会减少一半以上，甚至可能更多。

第二轮筛选

现在，我们要回到开头，再筛选一遍。这比第一轮筛选要快得多，因为你已经剔除了很多信息，剩下的大部分信息也已经得到了精简。在第二轮筛选中，你会更好地判断哪些信息需要保留，哪些需要剔除。如果你觉得某些内容不再支持你的目的，那就将其剔除。在这方面要严格一些——如果某些内容无助于你的总体目的，那就必须将其剔除。如果你是在做餐后演讲或向即将离职的同事致辞，插科打诨和离题发挥当然是有趣且值得做的。但如果我们追求的是清晰的讲解效果，那就要严格把控哪些信息应当收入，哪些应当舍弃。

如何判断相关性

判断信息的相关性，没有简单的方法，而且这个问题也永远不会有明确的答案。相关性是一种判断，我们中每两人得出的结论很可能不尽相同。但我们可以提出一些问题，这些问题会引导我们得出有助于讲解的结论。

- **这个特定元素是否有助于我实现这一讲解的“目的”？**

有时，答案会很明确。有时，你可能拿不准。如果是后者，那就继续问下一个问题。

- **为什么讲解中的这一特定元素很重要？**

如果你正在填写一份工作申请，如果你的总体目的是展示你非常适合该职位，那么这一元素具体是如何帮助你证明这一点的？它是否展示了与该职位描述中的要求相匹配的技能、洞察力或经验？这是否有助于证明你确实是符合要求的候选人？这些元素是否有助于建立这种联系？

或者，如果你正在撰写一份旨在推动部门内部变革的演示文稿，你所给出的信息，是否提供了明确的证据来支持你的分析，或者能否构建出使变革理由更具说服力的背景信息？

你所收入的每一条信息都要发挥作用。如果这些信息没有发挥作用，就会造成干扰。

再强调一次，如果你不确定，就向他人请教。在英国脱欧公投之后的几年里，我们制作了大量关于脱欧影响的讲解视频。我总是竭尽全力确保信息准确无误，但常常拿不准。我的同事凯文·康诺利（Kevin Connolly），一位出色的驻外记者，当时常驻布鲁塞尔。每当我在筛选信息时，一遇到这种拿不准的情况，我就会发邮件向他请教。邮件主题栏通常写着“帮个忙”，凯文对此再清楚不过了。“又是我，”我会写道，“我不确定是否需要收入欧盟委员会的这份声明……”或者当时遇到的其他情况。凯文会帮我判断，如果我不收入这些内容，我的讲解是否失衡或缺乏背景信息。

如果你无法获取他人的建议，并且仍然不确定，那就先放一放。

这一步的核心工作是剔除那些我们确定无用的信息。

当你读到这里时，你可能会认为剔除那些与我们要做的事情没有直接关联的信息，应该是显而易见的事。但请相信我，我们每个人都常常把时间和精力浪费在那些其实并不重要，却夹杂在我们讲解内容背景里的事情上。你一定有过这样的经历，在面试、开会或交谈中回答他人问题时，突然有种离题的感觉，漫无目的地游离，所做出的回答与对方所问的问题毫无关联。你也一定经历过这种情况，当你在听一场演讲或参加工作培训时，突然会产生一种强烈的感受："这究竟是关于什么的？跟我有什么关系？"并不是说你所听到的内容本身不好，而是它让你觉得与自己毫无关系。

你越能有效区分关键信息和那些有趣但并不重要的信息，你的讲解和信息传达就会越清晰。在筛选过程中，你的文档会变得越来越短。如果我要去报道像峰会或选举这样的重大活动，我常常在飞机上就进行第3步。我会打开文档，看看页数，这往往多得吓人，然后开始筛选。信息量看起来难以掌控，但经过两轮筛选，我开始掌控这些信息，页数也大幅减少。我离完全掌控这些信息还有很长的路要走，但我开始感到更加自信。

快速检查：

- 你所需的信息中是否有任何遗漏？
- 如果有，请针对你发现的遗漏部分，再做一遍第2步和第3步。
- 你是否还有其他问题需要添加到问题清单中？
- 你所掌握的所有信息是否都已简化到最简单的形式？

到第3步结束时，我们已经为进行下一步做好了准备。

- 我们清楚自己要讲解的内容。
- 我们清楚要向谁讲解。
- 我们已全面筛选了所有相关或可能相关的信息。
- 并且我们已对这些信息进行了提炼，这使得它们对于我们来说更易于使用，对于我们的受众来说更易于理解。

不过，这些零散的信息，只有在我们为其构建一个框架时，才有意义。讲解不只是提供信息，还要提供一个框架，赋予这些信息以意义和相关性。这就是第4步的任务。

第4步　组织信息

到了这一阶段，我们开始对话题有了更清晰的了解。这将有助于我们组织已经准备好的信息。在第4步，我们需要找出讲解中的“线索”。

我发现“线索”这个词最适合描述讲解中的主要部分。我用这个词是来表达这样的意思，即你正在根据话题的不同方面，来对信息进行划分。对我来说，就像一个故事或论证有线索一样，讲解中也有线索。不过，如果你愿意，也可以称其为“部分”“组块”或“方面”。

当你思考所要探讨的话题时，有些线索会立刻显现出来。还有一些线索你可能觉得需要，但又不太确定。在这个阶段，让我们把所有能想到的线索都纳入进来。

列出该话题的主要线索

线索的数量并不固定。列出你所能想到的线索，给每条线索起一个简短的标题。线索的顺序无关紧要，虽然你希望谨慎选择，但随着工作的推进，这份清单可以有所变化。

示例

以下是我运用线索的一个简单例子。在撰写本书过程中，我有一个重要的医生预约。这是六个月来一系列检查的最终结果，这个结果至关重要。我知道我需要提前规划好自己想说的话，尤其是因为在这种压力时刻，作一番规划有助于我说出自己想说的话，即便我的思绪有些乱。

虽然这次预约很重要，但并不复杂。我把想要问的问题和想要传达的信息整理成了三个要点：我的症状、我的用药，以及未来我能做什么和不能做什么。这三点就足够了。在与专家交流的短短几分钟里，这确保了我能把自己的情况讲清楚。（医生给出的结果是个好消息，这让我松了一口气……）

那是一个重要但相对简单的讲解。

如果要讲解的内容较为复杂，我也会采用同样的方法将我所掌握的信息划分成几条线索。在工作中做一个10分钟的演示，我可能会有5条线索。做一个30分钟的演讲，或者写一篇长文章或论文，我可能会有5~10条线索。无论你将要讲解的内容规模大小，选择线索都是让信息成形的重要一步。

◎ 在核心线索上再加两条线索

你现在应该已经列出了你所确定的线索。在此基础上，我们还要再添加两条线索。一条用于那些我们不确定如何使用的信息。另一条用于那些在讲解的开头和结尾可能有用的高影响力信息。在你的文档中，你会看到类似这样的内容：

线索A
线索B
线索C
线索D

线索E

高影响力信息线索

不确定信息线索

很快，我们就要开始将已经提炼好的信息嵌入这些线索中——但现在还不是时候！在此之前，我们需要考虑一下叙事。

你想讲述什么故事

正如历史所昭示的那样，叙事既可以被用于最糟糕的目的，也可以被用于最崇高的目的。毋庸置疑，故事具有强大的影响力。讲一个好故事，人们就会全神贯注地倾听你的每一句话。如果你代表的是一个品牌，塑造一个关于你的业务或产品的叙事（最好是一个关于起源的故事），这会非常有助于让人们对你产生好感。普拉吉亚·阿加瓦尔（Pragya Agarwal）教授是一位行为与数据科学家。在《福布斯》（*Forbes*）杂志上的一篇文章中，阿加瓦尔教授谈到了故事对于企业的重要性：

> 成功的品牌会构建一个故事，使其显得与众不同，并与顾客建立情感纽带。讲好一个故事的关键在于建立情感纽带。
>
> 颜色、标志、名称以及口号都源自核心信息。它们共同构成了品牌故事。
>
> 品牌故事可以告诉人们你的创业动机，你每天为何起床去做自己要做的事，顾客为何应该关注你，以及他们为何应该信任你。

此处，我们再次认识到了故事的重要性，以及故事的目的——“核心信息”——如何引导其他一切。故事是一种神奇的元素，可以为你所提供的一切——信息、设计、产品以及服务——赋予一致性和关联性。故事还可以增添情感，如果这是一个受众想听到结局的故事——甚至想成为其中一部分的故事——那么受众与你所传达的信息产生共鸣的可能性就会大幅提高。

这不仅适用于企业向客户传达信息，也适用于我们生活中的许多其他类型的信息传达。我明白，当你带着猫去看兽医时，你可能只想说明你的猫走路一瘸一拐。但还有许多其他例子——从教学到媒体内容创作，从领导运动队到销售——在这些领域，用故事来传达信息是你工具箱中必不可少的工具。

如果从一开始，你的受众就想了解接下来会发生什么，那么他们很有可能会一直关注你。我之前提到过，我曾就北约问题向当时的一位同事乔纳森请教。乔纳森多年来一直负责报道防务与外交事务。在保存于公司档案库中的一部培训视频里，他曾给出以下这条不容妥协的建议：

> 在动笔之前，以及当你认为自己已经写完之后，花几秒钟问一问自己：“如何用五个词概括这个故事？”你真的讲清楚了吗？

乔纳森给出的标准略显严格。我总觉得用五个词概括可能有些苛刻，但我非常认同他的看法。我们已经探讨过目的明确的重要性。那就是要明白我们希望通过讲解最终达到什么目的。故事的清晰性同样重要。这关乎我们将如何达到目的。你希望带领你的受众踏上怎样的旅程？从哪里开始？你会向他们承诺什么？我们清楚自己期望抵达的目的地——但你会选择走哪条路线到达那里？

叙事的重要性并不是什么秘密。或许我们的问题在于，未能理解叙事对于讲解和信息传达的核心作用。可以说，叙事是我们手中最强大的工具。因为尽管信息可能很有价值，但仅靠信息本身可能不足以吸引人们的注意力。

当然，纯粹的事实和背景信息是极好的资源，但不知为何，它们并不像故事那样能吸引我们的注意力。它们不会让我们好奇“接下来会发生什么？”而叙事却可以做到这一点。**最好的讲解，是通过讲述最精彩的故事，来传达大量相关且有用的信息。**

以下是我从自己所犯的错误中吸取的又一个教训。当我们开始制作讲解视频时，在每个故事线索的开头都加上了所谓的“标题板”。比如，如果我们要制作一期关于北爱尔兰与英国脱欧的讲解视频，线索可能包括“与欧盟的贸易”“《贝尔法斯特协议》（The Good Friday Agreement）”以及“北爱尔兰的政党政治”。在每个部分开头，屏幕上都会出现这些标题。我们认为这会有助于观众更好地理解话题。从某种程度上来说，确实如此。但我开始收到一些观众的反馈，说他们并不喜欢这些标题板。其中一名美国媒体高管薇薇安·席勒（Vivian Schiller）表示：“我建议去掉它们。它们妨碍了观看。”事实证明，她是对的。

这又是那种豁然开朗的时刻。如今，尽管我仍在寻找传达自己的讲解结构的方法，但我确信讲故事才是视频最重要的方面。这些视频因此变得更吸引人了。前几天，有个朋友对我说：“你的视频长达7分钟，但感觉这7分钟过得很快。”这就是故事在起作用——吸引受众去思考“接下来会发生什么？”

我为讲解而收集信息的整个过程，始终受到我想讲述的故事的引导。这对我们之前讨论过的所有内容——相关性、精准性、高效性、结构等——都没有负面影响。这仅仅意味着你让叙事更有可能为讲解提供支持。

这就是为什么在第4步这个阶段——信息组织阶段——我们必须停下来思考一下我们所要讲述的故事。以下是我用来帮助自己确定故事内容的一些练习：

◎ **如果现在有人打电话问你："你在忙什么？"你会怎么回答？**

人类善于讲故事。如果你在酒吧里，有人问你最近的出差怎么样，你肯定能娓娓道来。我们每天相互问的成千上万个问题都是如此。虽然我们的直觉并不总是对的，但绝对值得去留意一下。

如果你不知道如何讲述某个特定的故事，那就想象一下你要把它讲给朋友听。你会怎么讲？

◎ **尝试不同的起始点**

如果你为讲解确定了五条核心线索，试着口头概述你将如何讲出所有内容——每次从不同的线索开始。很快，你就会发现，大多数线索都不适合作为起始点。不过，可能有一两条线索适合。

◎ **考虑不同的故事结构**

讲故事的方式多种多样。如果你感到无从入手，可以考虑以下这些经典的讲解方式：

按时间顺序：利用时间的推移，来搭建你的故事框架。将故事拆分成几个部分，每个部分代表一个关键的发展阶段。

结果/起因/结果：这是按时间顺序叙事的一种变体。你可以先点明你想要强调的结果，然后回到起因，逐步讲述事情是如何发生的——直到再次回到结果。

逐步扩展：从你关注的事件或问题开始。逐步扩展，从而揭示越来越多的关于问题的背景信息和细节。

全背景信息：你在讲解一个议题或事件。你先说明它是什么，然后说："但如果不理解X，你就无法理解这一点。"引入话题的一条线索。对其做出总结，然后重复这一步。"但即便我们考虑到X，这本身也无法解释这一点——因为如果不理解Y，你就无法理解这一点。"一点一点地，围绕你要讲解的内容构建背景信息。如果说"逐步扩展"每次都在讲解上覆盖一条更宽泛的背景信息，那么"全背景信息"则采用主题式的方法，对几条背景信息给予同等重视。

有人这样表示：或许存在某个观点或结论，可以让你围绕它来构建你的讲解内容。你能否以这个观点或结论作为起点，确立一个事实或一种表述——然后以该事实或表述作为参照点，逐步展开每条线索的讲述？你可以反复引用这句话，来构建你的故事结构和语言。

解决一个问题：提出一个需要解决的问题，然后一部分接着一部分地概述这个问题是如何得到解决的。

分块讲解：除了"按时间顺序"和"解决一个问题"这两种讲解方式之外，这是我最常采用的一种方式。如果你能向受众清晰呈现逐步构建讲解的过程，那么你就能制造一种推进力，也能激发他们对你接下来要讲的内容的好奇心。其理念在于：如果讲解中的每个部分没有前面的部分作为铺垫，都是无法理解的。

你可能还有其他讲解方式。一如既往，留意他人的做法。最好的讲解往往附带讲故事的技巧。如果你能感受到某人在向你清晰地讲解某事，不妨问一问自己：他们在讲述一个怎样的故事？又是如何讲述的？

◎ 试着写开头语

如果其他方法都不奏效，有时不妨在开始讲解——无论是写一篇文章、做一场演讲、开一次研讨会，还是写一份报告——时，点明你即将讲述的故事是什么。例如，在2021年，我制作了一期关于北美热浪的长讲解视频。视频开头是这样的：

> 这是一期关于两轮热浪的报道——它们打破了高温纪录，引发了野火，夺走了生命。这与我们对地球所做的一切，以及我们应对气候变化的方式息息相关。

这是一个15秒的开头，接下来的10分钟里，我都在对其进行详细阐述。我已经点明了自己将如何展开对当前火灾的报道，以及它们如何与气候变化这一长期话题相关联。在接下来的10分钟里，我正是这样做的——一部分接着一部分地展开，从热浪对加拿大和美国部分地区所造成的直接影响，逐步扩展到我们整个星球正在发生的事情。这就是“逐步扩展”法。不用说，不同的情况和不同的故事需要不同的语言。不过，我开启那段视频的方式，其实是一个你可以借鉴的有用技巧，尤其是当你不知道该如何开头的时候。你会如何补全以下句子呢？

- 这是一个关于……的故事。
- 本次讲座将讲解如何……
- 今天，我将带你们了解……
- 接下来的10分钟要讲的是……

把这样的句子在脑海中想清楚并写下来是很有用的。这可能与你的目的有所重叠，但这没关系。

以热浪为例，你的**目的**是讲解热浪的情况及其与气候变化的关联。你的**故事**讲述了加拿大一个小镇的困境，如何揭示出气候变化中更广泛的真相。

目的和故事框架都可以为你提供指引。如果你在讲解中加入的内容并没有朝着这两个目标推进，那么你的讲解就偏离了正轨。

示例

假设我是一家医院的高管，这家医院正在对IT系统进行更新换代。

你的讲解目的是什么?

为了说明正在发生哪些变化，何时发生，以及为什么发生。

你想讲述一个怎样的故事?

我们目前的医疗工作正受到过时的IT系统的制约，而此次系统升级不仅将减轻我们的工作负担，也将提升我们提供的医疗护理质量。

你想如何讲述这个故事?

通过将我们目前所面临的IT问题，与已经引入这套新系统的其他医院所取得的成功进行对比。在逐步介绍计划中的系统升级阶段时，我打算展示这些成功案例。

组织各条线索

在阐述了我们对于如何讲述这个故事的线索和思路之后，现在是时候对这些线索进行排序了。这个顺序可能会随着时间的推移而改变，但让我们先来尝试一下。它们可能是这样的：

线索C
线索A
线索E
线索D
线索B
高影响力信息线索
不确定信息线索

添加信息

这是一个非常令人有成就感的时刻，我希望此时你能感受到自己的讲解开始逐渐成形。将各条线索的标题放在一个文档中，然后打开那个包含已经提炼好的信息的文档。（如果你愿意的话，也可以都在一个文档里操作，但我发现如果那样做的话，我就要不停地上下滚动页面。）

开始梳理你已提炼好的信息，将每个元素嵌入你觉得合适的故事线索中。由于你对线索的选择已经受到提炼过程的引导，因而大部分元素都会找到合适的位置。如果某个元素你确实觉得不适合嵌入任何一条线索中，但它又很重要，那就为其另设一条线索。同时留意那些非常清晰、相关且具有高影响力的元素，你可能会希望将它们用于开头或结尾。此时，每条线索内元素的顺序并不重要。

这一过程对于你构建讲解内容极为重要。你可以充分利用这个机会，来检验你对话题的理解程度，同样重要的是，检验你所收集的所有信息是如何相互关联的。当我们评估信息并将其嵌入不同的线索中时，这些信息对我们来说就会变得越来越熟悉。继续这一过程，直到每条信息都嵌入相应的线索中。

组织各条线索中的信息

接下来，我们将逐一审视话题中的每条线索。通读线索中的所有元素，问自己以下问题：

- 我希望讲解中的每条线索分别发挥什么作用？
- 在每条线索中，哪些元素最为重要？
- 我应该从哪个元素开始讲？
- 哪些元素是相互衔接的？
- 此时，如果我必须向某人讲述每条线索，我会如何讲述？

最后一个问题尤为重要，因为我们最终的目标是呈现一个自然流畅且引人入胜的讲解。这是把一堆信息转化为他人愿意听、愿意看的故事和讲解的开始。

在你花了足够多的时间思考上述要点之后，你就可以开始对每条故事线索中的元素进行排序了。从讲解的开头开始。置入你想要作为开头的元素。接下来，引入你认为应该紧随其后的元素。你可以在脑海中或用口头方式，概述一下你将如何从一个元素过渡到下一个元素。

一步步地，按照你的期望，为这条故事线索构建一个元素的顺序。每加入一个元素，都要清楚它在你的讲解中所起的作用。继续推进，直到你觉得这条线索已具备足够信息，可以完成它的任务为止。没有必要用上所有元素，只用你想要的那些。

在这个过程中，不可避免地会有一些删减或调整。这不是问题。这意味着你的大脑在思考如何运用这些信息。当你开始写或讲这些元素时，你在组织它们上所花的时间会为你带来回报。

对你所选的每一条线索都进行这样的处理（暂时先不去处理剩余的线索和高影响力信息线索）。

在完成这一处理之后，可能会出现两种结果：

其一，你会剩下一些元素。再次确认一下你是否真的不需要它们。如果你确实不需要，就把它们移入“不确定信息”线索中。后面你可能会回过头来找它们。

其二，当你开始组织各个元素，并真正开始思考如何讲述这个故事时，你可能会发现故事中欠缺某个你确实需要的元素。我和我的同事们把这类元素称为“购物清单项目”（shopping list items）。我现在经常使用这个说法。当我撰写视频稿、演讲稿或文章时，如果我知道某个地方有所欠缺，就会在旁边标上“SL”。然后我或我的同事们就会着手去寻找清单上的东西，如果能找到，就会把它填补到我们发现存在欠缺的地方。这份清单最好简短一些，但即便它很长也没关系。流程中的这一部分非常重要，既能确保你考虑周全，又能确保你的故事按照你所期望的方式展开。正是这种对细节的关注，能够提升你正在做的这项工作的品质。

到目前为止，你应该拥有：

- 一系列包含有序信息的主题线索
- 一些剩余的元素和你不确定如何使用的元素
- 一些有待使用的高影响力元素

高影响力元素

想象一下，如何开启整个故事？哪些元素有助于你收尾？选出你认为可以发挥这些作用的元素。将它们分别嵌入标注为“开头”和“结尾”的新线索中。记住，你的选择取决于你所要讲述的故事。在故事的开头和结尾，你可能需要截然不同的元素，这取决于你打算如何讲述这个故事。对于这一点，没有正确或错误的答案。

视觉元素

现在，你所收集的信息都已得到提炼和组织，如果你的讲解性质允许的话，值得思考一下，你可以使用哪些视觉元素，来增强传达效果和清晰性。

审视每条线索，并仔细梳理其中的信息。

- 你是否想要强调某些表述或事实？是否有一系列动态元素可以逐一突出？你在讲解过程中是否想要标记出某些部分？你是否想要展示图表、地图或图片？
- 你打算在讲解开始时展示什么？
- 当你的讲解结束时，最后留在屏幕上的会是什么画面？

如果视觉元素运用得当，其效果之显著不容小觑。而一旦运用不当，其造成的干扰也难以估量，正如我之前所提到的那样。为避免落入这一陷阱，你应选择那些能明确支持你所讲内容的视觉元素。如果你想引述某人的话，那就调出那段引语；如果你想展示某个事件，那就放一张与之相关的图片；如果你想提及某个数据，那就直接展示那个数据。

尽量避免使用通用的视觉元素。如果你谈到汽车，就不要随便放一张汽车的图片。如果你提到法国，也不必放埃菲尔铁塔的图片。不过，如果你谈到的是某一款特定的汽车，那么展示其图片是可以的。"这款汽车改变了我们的行业"这样一句话能让你的话语与图片产生关联。而"汽车的购买量正在下降"这样一句话配上一张通用的汽车图片则无法产生这种关联，但配上一张图表就可以。

最好的情况是，通用图片不起任何作用；最坏的情况是，它们会造成干扰，并让人觉得你没什么有价值的东西可展示。

开始按照你认为可能的使用顺序将视觉元素整合起来。这并非固定的选择。你可以添加一些元素，也可以去掉其中一些。关键在于，开始整合你可能需要的视觉元素，并清楚它们与哪些信息相关联。

在第7步，我们将深入探讨如何使用这些视觉元素，但目前我们只需开始收集它们。

快速检查：

- 你的讲解目是什么?
- 你想讲述的故事是什么?
- 你想如何讲述这个故事?
- 你的各条线索是否发挥作用?

- 查看一下你还需要进一步理解的信息清单。
- 你是否欠缺你想要的视觉元素?
- 你是否发现了你需要涵盖的新领域?
- 对于“不确定”线索中的信息，你有何看法?
- 你需要他人给出建议吗?

以上一些问题你已经很熟悉了。有些问题只需片刻就能回答。但在构建讲解内容过程中，养成检查的习惯，对于确保你始终走在正确的轨道上是极为有用的。

至此，第5步就结束了。走到这一步，你已经付出了很多努力。现在是收获的时候了。对我来说，乐趣就从这里开始。我们已经非常用心地收集、完善和组织我们认为讲解所需的信息。现在，我们需要将其转化为条理清晰、易于理解的内容，并且希望它开始具备一个高质量讲解的雏形。

第5步 串联信息

我们从这一步开始讲故事。如果你正在撰写书面讲解，比如论文或报告，我们将从各个元素入手。如果你要制作的是口头表达的内容，比如向上司做的演示或在会议上做的发言，你可以先为自己写一个提纲，或者试着把要说的内容讲出来。

为了本节的需要，我们假设你将把讲解内容写下来。完成这一步之后，你就可以轻松地将其转化为口头讲解。

如果你正在准备一场讲座或演讲——这类你能掌控全局的口头表达——有时你确实想要逐字逐句地照着稿子讲，这样你就能完全掌控自己所说的一切。在这种情况下，把整个内容都写下来是合理的。在撰写本书期间，我曾在一场备受关注的新闻业会议上发表演讲，我知道自己的一些发言可能会引起争议或遭到误解。因此，我写了一份完整的讲稿，与编辑确认无误后，严格按照讲稿来讲。

不过，对于我们大多数人来说，这类情况只是特例而非常态。即使是在其他公开演讲的情形中——比如在会议小组上的发言，或者面向同事或学生的讲话——我当然建议你规划好自己要讲的内容，但我非常不建议你一字不差地照着稿子讲。关于如何清晰而有目的地表达，无论是借助笔记还是完全不借助笔记，本书后文会有更详细的阐述。这两种方式，都比单纯照本宣科更能有效地讲清楚你的想法。目前，我们要围绕各种元素来写。即便我们最终不会把它们都讲出来，这也有助于我们熟悉自己想要使用的结构和表达方式。

在准备撰写时，请牢记以下问题：

- **你所使用的语言是否已尽可能简洁明了？**
- **你是否清楚每个元素所起的作用？**
- **你是否确切知道你的每句话所表达的意思？**
- **是否有些地方你还不太理解？**

如果有，记下来。

- **你是否列出了你认为他人会有的疑问？**

将这份问题清单放在手边。当你写到与这些问题相关的部分时，确保你已经对其做出了解答。如果你无法解答，或者没有解答，那就将其列入你仍未理解的内容清单中。

到了本书的这一阶段，你可能已经注意到我反复提及一些问题。这是因为在你试图清晰讲解任何内容时，你都需要思考这些问题。我希望，随着时间的推移，你在进行任何讲解时，都会自然而然地问自己这些问题。但如果这对你而言是新的做事方式，那么就像学习任何新技能一样，一开始就将其系统化会对你大有助益。正因如此，你需要反复回顾这些问题。

开始写

我总是建议从头写起。人类讲故事都是从头讲起，如果你从头写起，塑造你想要讲述的故事就会更容易些。依次处理结构中的每个部分，并且每个部分都从你放在最前面的元素开始写。

尽可能让你对各元素的排序来引导你——并且让元素本身也引导你。记住，你所选的每一个元素都有其特定的目的。你所选的语言应当阐明这一目的。如果结构安排得当，你可能会发现这一步进行得相当顺畅。当初我设计这套系统是为了帮助自己在大学写历史论文，那时我需要花费多达两天的时间才能到达这一步。到了开始写的时候，我一天之内就能把所有内容串联起来。虽然这并不轻松，但最困难的部分已经完成，如果状态好的话，写起来几乎可以水到渠成。在较小的撰写任务中也是如此，例如在写一份简报的过程中，我可能要花一个小时才能到达这一步，然后只用15分钟就能写完。

当你开始写时，如果进展不顺，别慌。这是完全正常的。你可以试着先用不同的元素开始写这一部分。也许这会让你感觉更轻松些。如果还是没有进展，那就试着找出原因：是因为你不确定自己究竟想讲什么？还是因为你不确定如何表达？通常当我在写的过程中卡壳时，往往是因为我还没有真正解决这两个问题。也可能存在实际问题。你是否需要去掉一些元素？是否需要添加一些元素？或者也许顺序不太对。你最初选择的顺序恰好就是最终顺序的情况，非常少见。有些变动是意料之中的。

和所有这些问题同样重要的是要继续往下写。即便我对自己已写的内容不太满意或心里没底，我也会强迫自己动笔往下写。我可能会多次重写已写出的内容。一点一点地，我会逐渐摸索出可行的办法。就像整个过程一样，即使写得很不顺手，最明智的做法仍然是开始动笔。尝试与失败的过程，会提高把事情做对的可能性。

有助于讲解和讲故事的撰写技巧

正如我有一系列讲故事的模板，可用以塑造特定的讲解一样，我还掌握了一些撰写技巧，可用以使我的讲解清晰、有力，且更具叙事推进力。有些技巧我经常使用，有些则视情况而定。以下是我挑选出的一些技巧：

◎ 避免硬性结束

在添加句子过程中，要时刻想着如何让受众从你正在讲述的内容，顺畅地过渡到你接下来要讲述的内容。广播和电视节目一直都是这样做的。如果你听音乐广播或24小时新闻节目，就会注意到主持人总是在尽量避免任何形式的“硬性结束”。所谓“硬性结束”，就是你正在接收的信息突然结束的那一刻。而对于主持人来说，这是一种危险时刻——因为听众可能会在这时选择关闭节目。为了应对这种情况，他们想出了各种方法来传达“值得留下来”的意思。我相信你能想到很多类似的例子：

广告之后，我们将播放阿黛尔的新歌。

接下来，我们将连线北卡罗来纳，报道那里的风暴情况。随后，我们会带来总统对当前局势的最新通报。

这种技巧你应该很熟悉。在广播领域，这被称为“预告”，目的是留住那些已经开始收听的人群。

在电视领域还有其他类似的例子。如果你在观看直播节目，当节目结束，片尾字幕开始滚动时，衔接播音员会在主题音乐中插入预告：“接下来，将为您呈现一部背景设定在20世纪60年代伦敦的全新剧情片。”过去，他们通常是在片尾字幕播完之后才预告，但他们后来意识到，片尾字幕开始滚动时，本身就是一个“危险时刻”，所以会提前预告。同样，如果你在观看流媒体节目，片尾刚开始滚动，他们就会立刻推荐你观看下一集节目，或者完全不同的另一集节目。所有此类节目的制作者都明白，硬性结束对于他们的节目是多大一个威胁。我们也需要将硬性结束视为对于我们讲解的同等威胁。

通过按照逻辑顺序对关键信息进行整合，你已经为讲解的成功打下了良好的基础。预告则是另一种维持受众兴趣的方式。你可能已经注意到，我在本书中多次使用这种技巧。

◎ 预告

以下是一些在讲解过程中使用预告的例子：

如果你们想知道我们是如何实现销售增长的——我们做了三件事。接下来，我将逐一向你们展示。

我已经谈到了选民在做出投票决定时标准的变化。接下来，我将进一步展开这一点——随后，我们将探讨这种变化如何与他们新闻消费习惯的转变相关联。

我想再花几分钟时间，来告诉你们我们决定推出新产品的原因。一旦我讲完这些，我保证会向你们展示这款产品——我们对此充满期待，并且相信你们也会如此。

预告主要有两种形式：一种是只预告接下来的内容；另一种则像上面第一个例子那样，先回顾刚刚提到的内容，然后再引出接下来的内容。两种方式都行之有效，也都可以穿插在你围绕“话题”线索所构建的讲解结构中。

预告可以非常有效地提示你总体的讲解方向。不过，你只能在讲解中的重要转折点使用预告，因此你不太可能在一场讲解中使用过多的预告。

◎ 展现结构

这是一个与预告直接相关的技巧。我已经提到过，预告可以用来提示受众你接下来要讲的内容。而展现结构，则是为了以尽可能清晰的方式来传达这一提示。

当我在学习高中历史时，我的老师托马斯女士总是强调，在写论文时，要明确提示我的论证中的每一个部分。这是一个非常好的建议。

无论我们在规划哪类内容——从文章到论文，再到演讲或演示——我们都要思考结构安排。我们已经在这套七步流程中完成了这一步。这种结构不仅有助于我们组织思路，还有助于受众从与我们相同的视角来理解话题，并且能让他们获得相同的方向感。而这一技巧的关键，不仅在于你有了一个结构，还在于你明确表达出你有一个结构。有很多方法可以做到这一点。例如：

我们刚刚讲了X，现在继续来看Y这个方面。

要想理解X，我们必须先理清它与Y之间的关系。

到目前为止，我们讨论了X和Y，但Z也非常重要。

将X和Y结合起来，就能引出下一个因素：Z。

虽然X、Y和Z都很重要——但它们的重要性不及A、B和C，现在我们将深入探讨这三个因素。

我已经讲解了X的发生是如何导致Y的，而Y又如何进一步导致Z。这一系列事件使A和B的发生变得不可避免。让我来讲讲具体是怎么回事。

你这样做是在告诉受众他们已经听到的内容和接下来会听到的内容。这总是有帮助的。

在某些情况下，你可能需要让你的讲解稍微偏离正题。所有讲解都有一个起点和一个终点。大多数讲解都是线性的——线性传达更容易让人理解。然而，有些话题并不总能以线性方式呈现。你可能需要稍微偏离正题，提供必要的背景信息。这本身并不是问题，但这会增加受众难以跟上的风险。如果你能“展现结构”，就能帮助他们理解你的思路，跟上你的节奏。换言之，告诉他们你要偏离正题了，然后再告诉他们你什么时候回归正题。以下是一些例子：

现在，我提到了X。要想深入探讨，我们必须先了解X在这个问题中所起的作用。

此处，我们需要停下来探讨一下X。

我稍后会讲接下来所发生的事，但在那之前，我们需要花几分钟来探讨一下X。

完成这一步之后，你就可以继续沿着原先的线性路径继续推进：

现在，把这些都考虑在内，让我们回到我们之前探讨的地方。

以上就是关于X的内容。在我们理清这件事的过程中，我们必须记住这一点。现在，回到我刚刚讲的关于Y的内容……（然后继续讲述）。

在讲解时，说出自己正在做什么能让你更有信心。对于听众或读者来说，这也大有助益——尤其是当你的讲解很长或者很复杂时。我们希望这种清晰性能够降低他们停止看或听的可能性。

◎ 衔接语

我很早就留意到“预告”的概念，但在2021年，我有了一个新的领悟，这改变了我处理讲解的方式。我们已经知道，使用“预告”和

“展现结构”可以在内容的关键节点上制造推进力，但如果我不只是在这些节点上这样做，而是始终这样做，会怎样呢？

预告只是我偶尔在讲解中的各个部分之间使用的技巧。事实上，这种技巧我在新闻报道中使用得更多。在两个新闻事件之间，我们会预告接下来的内容。大多数新闻节目的安排中都有这种预告。如果你有定期收看的新闻节目，你知道这些预告会出现在哪里。尽管这本身并无不妥，但我意识到，采用预告的形式，实际上使得“吸引观众注意力”与“讲故事”这两者之间产生了割裂。我想看看能否将吸引和保持观众注意力和兴趣的方式融入讲解的结构中。为了达到这一目的，我开始尝试使用我称之为“衔接语”和“钩子”的技巧。

衔接语可以将观众或读者从一个思路或元素引向下一个，起到承上启下的作用。理想情况下，它们可以引导观众或读者从一个元素顺畅地过渡到下一个，不给他们任何中途分心或退出的机会。

以下是一些衔接语的示例：

这个事实有助于我们理解该问题，但这并不是该问题的全貌。为了全面理解，还需要将X纳入考量……

我的第一个目标已经达成，但这立即为我引出了第二个目标——而达成这一目标要困难得多。

如果一些同事告诉我他们对我的提议感到愤怒，那么我会听一听其他人怎么说。

以上是去年的数据，现在来看一看今年迄今为止发生了什么……

你可能已经注意到，这些衔接语既回顾了已讲过的内容，又提示了接下来要讲的内容。你可以将其理解为“微型预告”——它们衔接的不是关键部分，而是各个元素，即我们的信息点。它们就像弹弓一样将观众或读者从一个重要元素快速抛向另一个。它们在制造推进力方面非常有效，同时也有助于尽量减少“硬性结束”。

◎“结尾提示”和“钩子”

在我们的讲解视频中，我们已经在尝试使用“结尾提示”。这是一个广播电视行业的术语，指的是某些内容结尾处的串词。

以下是一个典型的运用结尾提示的例子：我们播放了一个采访视频片段，紧接着我说：“完整采访可在晚9点于1频道观看。”这是一种连接后续内容的预告形式。起初，我并没有意识到这种技巧对我的讲解有帮助。这样的结尾提示通常会带来一个硬性结束。但后来我开始发现，如果换一种方式使用结尾提示，情况会有所不同。我开始不再将其用作基本的预告，而是用来回应和强调我们刚刚听到的内容。

要实现这一点，我们要先确定我们想要强调的内容。这可能是一个表述、一项统计数据，或者一个特别重要的词。我称之为“钩子”。这是我从某个元素结束时可以抓住并进一步延展的内容。

◎ 用结尾提示来强调

这几乎总是涉及重述。在从一个元素过渡到下一个元素之前，你可以通过重述刚刚听到的内容来加以强调。

假设我们引述了某位警察局长的一句话：

目前，我们无法确定这项行动何时会获得批准。

我可以这样做出结尾提示：“尽管警察局长表示‘无法确定’事

情是如何发生的，但受害家属表示，他们很清楚。”

以下是另一个运用结尾提示的例子：

我们需要明确我们正面临的情况。最近的一项评估发现，我们这个行业中，该领域的收益在两年内下降了90%。

90%。两年内。而整个行业却在同期增长了30%。

如果你能发现潜在的钩子，它们确实可以让一条信息更具冲击力。这种方法既适用于书面讲解，也适用于口头讲解。但要记住，这是一张王牌。如果过度使用，其效果就会减弱。要将其留在真正重要的时刻。

钩子和结尾提示不仅可以用来强调，还可以发挥更多作用。

◎ 利用结尾提示来添加背景信息

以下是一个示例。假设某位虚构的总统曾这样说过：“这就是为什么今天宣布的应对气候变化的新目标，标对于我们的国家来说是一项重大举措。”

我可以这样做结尾提示：

这可能确实是一项重大举措，但目前总统并未提供任何有关实现这一目标的具体行动细节。

我想强调的是，这项政策尚未成型。“重大举措”这个词就是“钩子”。这个词是这位总统的核心主张。通过强调这个表述，我不仅强调了目标的重要性，还点明了关于如何实现这一点缺乏信息。在这个结尾提示中，我利用这个钩子直接回应了我们刚刚听到的内容，并引入了一条必要的背景信息。

以下是另一个示例（使用的是虚构数据）：

一家行业机构的负责人表示："如今，人们在古着（vintage clothes）上的花费已高达1亿英镑。"

1亿英镑虽然听起来很多，但全英国每年在服装上的花费高达100亿英镑。尽管古着的销售额正在增长，但与新衣相比，仍显得微不足道。

我再次使用钩子来强调，用结尾提示来添加背景信息。

◎ **使用带钩子的衔接语**

把所有这些技巧结合起来，你就得到了一个新的技巧。运用这个技巧既能增强信息的冲击力，又能在必要时添加背景信息，并顺畅地过渡到下一个元素。在这里，我们要找出一个词或表述来作为我们的切入点，然后反复提及它，并利用这个思路来推动讲解。我们来看下面这个例子。

我们的供应商发现这种新方法很难适应。一名供应商告诉我："我实在不明白为什么有必要这样做。"尽管他们认为这并非必要之举（钩子），但我们供应链上的所有数据都表明这是必要的（衔接语）。从我们行业协会的角度来看（接下来要引入的元素）……（展示最新数据的图表）

这为我们的信息传达方式提供了重要的补充。以下是一种传统的讲解形式：

1. 引入一些信息
2. 传达这些信息
3. 引入更多信息

4. 传达这些信息

我们向前走了一步。以下是我们对其做出的调整：

1. 引入一些信息
2. 传达这些信息
3. 利用结尾提示来添加背景信息
4. 引入更多信息
5. 传达这些信息
6. 使用带钩子的衔接语
7. 引入更多信息
8. 传达这些信息

在很短的时间内，我们就能注入推进力、背景信息和冲击力。

近年来，我在讲解各类话题的方式上最大的转变在于：思考如何始终维持讲解的推进力，而不是只在关键节点“加速”推进。这种转变带来了质的飞跃。你可以把它想象成“保持恒速”，而不是时不时地“猛踩油门”。要做到这一点，你需要记住自己从哪里讲起，也要清楚接下来要讲到哪里。既要回顾已经讲过的内容，也要提示接下来要讲的内容……

◎ 采用平行叙事

如果我告诉你这一技巧，你会发现我反复使用该技巧。没有哪个技巧能像这个技巧一样有效地维持推进力和吸引力。你一定在小说、非虚构类图书、电影、体育报道，以及纪录片中见过这一技巧的应用。这个技巧是这样的：你讲述故事的一个部分，然后在继续推进之前，讲述在别处发生的与该故事相关的部分。

如果你是足球迷，每周六下午，尤其是在赛季的最后一天，你都会看到这样的情景：主持人会说："随着这一粒进球，曼城队现在有机会赢得联赛冠军，但等等，利物浦队那边也进球了，情况变得完全不同了。"

如果你在看一部政治纪录片，旁白可能会说："但就在总统与盟友会面时，城市另一头，在其中一名反叛者的办公室里，一场逼他下台的阴谋正在悄然酝酿。"

许多故事都有平行发展的线索，讲解也是如此。如果你能够在这些线索间切换，营造出不同事件同时发生的感觉，这能够产生强有力的叙事效果。这种技巧不仅可以增强叙事的推进力，还可以非常有效地将相互竞争的发展态势并置，从而凸显它们之间的对比与关联。

例如，在一部自然历史纪录片中，旁白可能会说："将本地牡蛎重新引入这条河流的努力已经取得了成功。但随着它们数量的增加，一种新的威胁——藻类——正在出现。"

在试图营造这种效果时，"当……时"和"随着……"是你的好帮手。如果需要，"与此同时"也可以作为备选。以下是一些此类衔接语的变体，可以帮助你实现这种效果：

X表现得很不错。但当我们对此感到满意时，很明显，Y仍然是个问题。

随着X在某地发生，Y正在另一个地方发生。

当X、Y和Z得到解决时，很明显，A和B仍未得到解决。

在一间办公室里，有人告诉我X，与此同时，在另一间办公室里，有人告诉我Y。

这类衔接语有助于你在不同线索之间自然切换，既避免了“硬性结束”的突兀感，又营造出连贯推进的节奏感，从而使各条线索紧密衔接在一起。

如果你想要更多的例子，我敢说看过我的任何三期视频之后，你都会发现一些。

◎ 将句子拆分成两个句子

“虽然内容没有问题，但我已经把句子拆分成了两个句子。”我的制作团队一定非常熟悉这句话，因为我经常这样说。在第6步中，我们将探讨如何“精简”讲解内容。我在每一期讲解视频中都会这样处理，可能最常见的改动就是把一个句子拆成两个。

如果你打算做口头讲解，拆分句子尤为重要。与短句相比，长句本就更难被理解——尤其是在“听”的场景中更是如此。长句在表达时也更加困难，因为说话者更难组织呼吸。

对于任何口头讲解，我有一条经验法则：**每句话控制在15个词以内**。虽然我并不严格遵循这一法则，但它确实是一个很有用的参考。我尽量在所有情况下都保持句子简短。这里有一个简单的例子，可以说明无论是写出来还是说出来，我可能会做出怎样的调整。

原文：

我们的游泳课程面向所有年龄段的孩子开放——我们一周有8个阶段的课程可供选择，您可以在我们的网站上或在上午9点至下午5点开放的前台为您的孩子报名。

编辑后的文本：

我们的游泳课程面向16岁以下所有年龄段的孩子开放。

共有8个阶段。

课程每天都有，包括周末。

请在上午9点至下午5点之间，通过我们的网站或在前台报名。

我不会现在就过早进入精简流程，但显然，如果你的句子从一开始就简洁易懂，那么你后面需要做出的修改就会更少。

◎ 把句子的主语放在前面

在许多信息传达形式中，尤其是在口头表达中，人们往往有一种难以摆脱的习惯。你会经常听到一些句子，它们的主语被放在了很靠后的位置。以下是一个（虚构的）例子，可以说明我的意思：

议员席位不足、支持率下滑、争议不断，反对党正承受着巨大的压力。

如果这是我们第一次提及反对党，那么听众在听到这句话中所列举的问题时，他们很可能会一直在想："这说的是谁？"而一旦他们在想这个问题，就无法专注于句子中所列举的问题。

有一个著名的例子，几年前我的前同事、主持人乔纳森·查尔斯（Jonathan Charles）曾在节目开场时说：

这里是世界新闻，我是乔纳森·查尔斯。被隐藏了几十年，被迫生育……"

虽然这个故事的主角即将揭晓，但听起来好像该故事讲的是乔纳森自己，这也是这段视频在YouTube上播放量达数百万次的原因。相信我，我们都读过这样的稿子。

不过，这里有个反转。乔纳森现在是一名战略传播顾问（因此，他对于如何进行有效讲解非常在行，就像他做主持人时那样）。我联系到他，想了解一下那段视频的情况。结果发现事情并不像表面看上去那样。那段视频其实来自一次彩排，当时他只是快速地把稿子过了一遍。他告诉我："正式播出时之所以没有造成这种误解，是因为说得更慢，而且画面中配上了那名女子的镜头。"

我恐怕这个细节已经被YouTube的观众忽略了。这段视频和乔纳森对其做出的解释给了我们一些重要启示。其中，最重要的是：我们说话的方式会影响话语的含义，而我们说话时展现出的样子，也同样会影响其含义。

还有一个更直接的启示：如果你把句子的主语放在句子中间，你就是在冒险。部分原因在于，这种表达方式只有在恰当的语境下才会奏效——但这也可能会让听众对讲述的对象产生疑惑。

我总是倾向于降低造成误解的风险——所以对我来说，以下是一条简单但非常有效的原则：**在谈论某事之前，先提及讲述的对象**。

◎ 发挥"并且"的力量

这一技巧显然更适用于口头讲解，而不太适合书面讲解。我之所以对此深有体会，是因为此刻在撰写本书时，我正为此而烦恼。遗憾的是，我那种频繁使用"并且"的习惯很难直接转化到书面讲解中。不过，这种技巧仍值得一提。

让我们来思考一下，在讲解过程中我们试图达成的一些目标：推进力、各个元素之间的衔接感、逐步构建讲解的感觉、引导受众到达某个地方的感觉——并且我们还希望句子简短有力！

在句子开头使用“并且”这个词，有助于你实现所有这些目标。这个词可以让受众知道“以上并不是全部内容”或者“我还有更多要告诉你们”，从而使受众跟上你的思路。这是最简短的衔接语。以下是我可能会使用这个词的一些例子。第一个例子改编自我们的一篇视频稿：

例1

政府刚刚公布了进一步的资金投入，用于给节能程度最低的家庭进行隔热处理。

并且这项资金投入是更广泛节能战略的一部分。

第二句话回顾了我刚刚说过的内容，然后引入了一个新的信息点。

以下是其他一些的虚构例子：

例2

天气状况很差。上座率很低。

票务收入惨淡。

并且更糟的是，我们的许多员工都感染了流感。

例3

一直以来的难题在于：如何协调一部分同事居家办公，而另一部分来公司办公。

并且就在我们努力解决这个问题时，董事长和首席执行官却双双辞职了。

试着去掉“并且”再读一遍这三个例子。那会是更传统的写法，且并无不妥。但当你加上“并且”时，你能否感受到在你读或说这些句子时，两个句子之间的衔接更加自然顺畅？这个词可以让你的叙述富有节奏感和推进力，而不加这个词就很难实现这种效果。

在任何口头讲解中，我都会多次使用“并且”。但在书面讲解中，这个词有时可能会显得有些突兀，具体要视文体风格而定。我确实仍然经常在书面讲解中使用这个词（正如你在本书中所看到的那样），但远不如在口头讲解中那么频繁。这需要你自己来判断，但在口头讲解中，它确实对你大有助益。

这符合你的风格吗？

一两年前，有位同事来找我。她非常热情地夸赞我们的节目，尤其是节目的基调。

她补充道：“我实在想不明白，没有稿子你是怎么撑满整整一个小时的。”

我回答道：“谢谢你的夸奖，但事实上，我们视频中的所有内容都事先写在了稿子上。”的确如此。我的目标是让节目既具备典型新闻稿的精准性，又能让它听起来像是我在对你讲话——就像我们见面时，或者我去做演讲而你在台下时的那种感觉一样。我处理这个问题的方式与我早期主持节目的经历密切相关。

当我第一次担任公司的节目主持人时，多顿·阿德巴约（Dotun Adebayo）是直播5台《通宵达旦》节目的固定主持人。这档节目多年前由另一位主持人罗德·夏普（Rhod Sharp）创立，他那亲切而富有韵律的主持风格深受我们喜爱，这也深深奠定了这档节目最初的基调。罗德和多顿当时共同分担一周的主持任务，而我即将迎来自己在这档节目的首秀，于是我向多顿请教。

“无论如何，”多顿告诉我，“别试着模仿罗德！”他这样说并非失礼——恰恰相反，我们都非常喜欢他。多顿的意思是，罗德那种风格是他所独有的。其他人在主持这档节目时，需要发挥自身优势，而不是去模仿罗德。

他的这番话很有道理。一方面，是因为我能从节目中感受到多顿非常成功地形成了自己的风格。另一方面，是因为我回想起了自己第一次在直播电台做主持人的经历。当时我还处于失业状态，并且已去参加过《独立报》那场注定会失败的面试。在那个夏天，我唯一的工作就是在一家FM电台主持从午夜到凌晨2点的节目。我怀疑那个时段的听众可能只有几十个人。在努力说服节目主管允许我自由发挥我在音乐方面的长项时，我曾提出这样一个理由，即我将带来一种比典型日间节目更真实自然、更少程式化的主持风格。“话虽如此，”他干巴巴地回应道，“但你很快就会开始学加里·戴维斯（Gary Davies）的说话方式了。”（加里是20世纪80年代广播1台一位最大牌的主持人。我是他的忠实听众，而且加里至今仍活跃在广播2台。）他并不是在对加里或任何主流电台主持人做出贬低。他的意思是，人类天生倾向于模仿那些正在从事我们即将尝试之事的人，而事实上，要摆脱这种模仿，比你想象的要困难得多。果不其然，节目刚开始不久，我就对听众说起了“继续锁定107.9FM”之类的话。结果证明，用自己的声音主持确实比我想象中要困难得多（而且做电台DJ本身也比我想中要困难）。这个问题不止一次出现。

回听我早期主持的一些新闻报道的录音，我能听到同样的声音。由于不确定自己该怎么做，我便模仿那些在这方面已经做得很出色的人。就训练基本的主持技巧而言，那确实很值得去做。但就确立我自己的风格和基调而言，这就没那么有帮助了。最终，我发现一条简单的原则可以帮我打破这一困境。

在为每一篇电视新闻稿、每一期视频、每一场演讲，以及每一次采访做准备过程中，我都会问自己一个问题：**我会这样说话吗？**如果答案是否定的，那么就必须做出调整。没有任何借口。

我知道自己怎么说话，你也知道自己怎么说话。你知道自己不会说什么，也知道自己会说什么。让这一切来引导你。

这个问题影响了我为口头讲解撰写稿子的方式，也影响了我写文章、写论文，甚至写书的方式。每种媒介可能都需要你调整表达方式——这很正常。我们在派对上的说话方式与在会议或演讲中的说话方式确实不同，但你永远无须放弃做真实的自己或你习惯的表达方式。

我希望，无论好坏，如果你在读完本书之后，遇到我或听到我讲话，你都不会觉得有任何不同。

整合要点

这是一种快捷而有效的技巧，既可用于结束整个讲解，也可用于结束其中的某一部分。当临近收尾时，我通常会提示受众，我接下来要讲的是从前面所讲内容得出的结果。在学校写论文时，我经常以“总之”来引导收尾。虽然这种方式也能起到作用，但我现在更倾向于使用“所有这一切”。这可以明确指出，之前的所有内容都指向这一点。

以下是关于如何结束一个部分，并过渡到另一个部分的示例：

如果你正在讲解第一次世界大战的初始阶段，并列出了战争在最初几个月的进展，你可以这样写：

所有这一切，意味着到了1914年冬天，战争已经陷入僵局，盟军准备寻求新的战略。

在这句话中，我们提示前面的所有内容都指向这一时刻，然后再引出接下来的内容。

以下是一些结束整个讲解的示例：

所有这一切，意味着我们当前的商业模式已遗憾地走到了尽头——但这也意味着，一种令人兴奋的替代模式正在浮现。

所有这一切，意味着这是一次千载难逢的机遇，可以重塑政治的运作方式——并引发一场关于这种重塑应该采取何种形式的热烈讨论。

所有这一切，意味着我认为自己是担任这个角色的最佳人选。

如果你不想频繁使用“所有这一切”，而且我们应当注意避免表达方式显得重复，以下是一些替代表达方式：

- 所以，如果我们考虑所有这些……
- 如果我们考虑到所有这些因素……
- 将这些进展汇总起来……
- 如果将这些因素结合起来，我们就能明白为什么……

如果你想要传达真正的重点，你还可以重述要点并给出结论：

- 了解到所有这一切之后，我们可以得出的结论是：X已经发生，Y已经发生，而Z仍在发生。

然后你就可以把要点整合起来。

你会自己想出很多此类表达方式的变体。那些提示受众你即将得出结论，并为顺利得出结论做好铺垫的表达方式，在讲解中非常有用。使用这些表达方式有助于我们将信息打包呈现给受众，并说明这些信息将引导我们得出什么结论。

◎“事情发展到了这一步……”

这是另一种整合要点的方式。我之所以将其从上一小节中单独拿出来讲，是因为它所起的作用稍有不同。如果说上一小节中的各种表达方式是用以引出结论，那么这一技巧则是用来引出总结。这会占用更多的时间，因此这一技巧并不总是适用。但是，如果时间允许的话，就像结尾提示通过重述来强调一样，总结也可以为整个讲解提供同样的效果。我常用的表达方式是："事情发展到了这一步……"，另一种表达方式是："那么，这就是我们所做的"或"那么，这就是发生的事情"。这可以提示接下来我会告诉你我们已经达到的阶段和/或我们是如何走到这一步的。这一技巧同样可以用来结束讲解中的某一部分，然后过渡到下一部分。或者，你也可以将其用在整个讲解的结尾。

为了有效做到这一点，你需要列出事情发展到了这一步的各个方面。这可能在很大程度上受到你先前整合的线索和关键信息的影响。这个总结是为了强调而做的重述，而不是为了引入新的信息。

以下就是该技巧发挥作用的方式：

如果你想使用该技巧来衔接讲解中的两个部分，可以这样处理：

因此，经过三年的深入探究之后，事情发展到了这一步……

—事实1（每个事实都是这一时刻的关键特征）

—事实2

—事实3

如你们所见，这种情况根本无法持续。于是我决定联系X……

如果你在讲解的结尾使用该技巧：

经过三年的战争，事情发展到了这一步……

—事实1

—事实2

—事实3

—结论性思考：……所有这一切，意味着盟军试图迅速结束战争的种种努力均告失败。

再举两个例子：

这项政策已经实施了12个月，事情发展到了这一步……（列出该政策的结果及对其做出的评估）

互联网自20世纪90年代以来一直在扰乱我们的业务。我们已经清楚它对我们的具体影响。而现在，到了2022年，事情发展到了这一步……（列出企业所处状况的核心方面）

你大概已经弄明白了。以下是我在2020年美国大选期间使用这一技巧的两个例子。第一个例子来自选举结束两天后，当时特朗普拒绝接受选举结果。

美国民主迎来了新的一天。特朗普总统正在毫无根据地指控选举舞弊，企图窃取选举结果。他的儿子埃里克在没有任何证据的情况下，散布选票遭到焚烧的虚假信息。与此同时，特朗普的竞选团队正在发起多项诉讼，试图阻止计票——而选举日后继续计票，本就是选举流程的正常部分。国际选举观察员也指责特朗普“严重滥用职权”。事实上，特朗普在竞选期间就一再攻击美国的民主程序，因此过去这两天的事态发展并不令人意外。但来自世界各地的反应表明，这位总统依然有可能做出惊人之举。无论好坏，这都不是人们通常所看到的美国民主。

通过列举构成这一时刻的各种元素，可以产生一种累积效应。

另一个更为荒诞的时刻发生在几天后，当时特朗普的竞选团队在费城一家名为“四季园艺景观”（Four Seasons Total Landscaping）的园艺公司的停车场里召开发布会。似乎他们本来是想预订四季酒店（Four Seasons Hotel），却搞错了，订了这里。这家园艺公司隔壁是一间名为“幻想岛”的低俗读物书店。随着特朗普的发布会在这里举行，一家新闻网站宣布了拜登胜选，而特朗普则被拍到正在打高尔夫球。我们的报道以这样一段话结束：

因此，星期六11时24分，美国迎来了历史性时刻。CNN宣布乔·拜登为当选总统，唐纳德·特朗普在打高尔夫球，而他的竞选团队则在“幻想岛”旁边的一个停车场。

“美国民主迎来了新的一天”和“美国迎来了历史性时刻”，可以看作是对“事情发展到了这一步”的另一种表达。

这种技巧有助于强化你已经讲解过的内容。

开头与结尾

开头句与结尾句，是阐明讲解主题和最终结论的最佳机会。只要这两句话处理得当，不仅能给受众一个继续听下去的有力理由，还能给他们留下一个值得回味的思考。

这些句子是我改写最多的，往往也是我最后才敲定的部分。当你的撰写工作进入这个阶段时，试着捕捉你希望在开头和结尾传达的内容。尽量去写，哪怕表达得还不够完美，也比迟迟不动笔要好。不必担心用词是否恰到好处，你可以随时回过头去修改。我发现，我越深入地打磨一个讲解，我对该话题的理解就越深刻。随着这种理解的加深，我对最重要内容的看法也更加明确，这反过来又能为我如何写开头句和结尾句提供指引。有时候，直到整个撰写过程的最后，我才清楚自己想要如何写。但重要的是，你在整个过程中都要留意这一点。

我不太喜欢渐入式的讲解。一开始，我就希望激起受众的兴趣，将他们带入我想讲述的故事中。到了结尾，我希望用一句话来强化讲解效果。

一个精彩的开头，往往能吸引受众继续听下去；一个有力的结尾，则能让他们觉得这一切值得。

高影响力表述

在任何讲解中，我们都需要一些简洁而有力的表述，以精准概括我们所要表达的核心内容。这些时刻，正是我们能够切中要点、真正实现信息传达的关键。讲解中的每个元素都很重要，而在此基础之上，**高影响力的表述，能大大提高我们将核心信息深深植入受众脑海中的可能性**。在你的讲解内容中，你要始终留意自己是否使用了这些表述。如果你需要多次讲解某个理念，那么这些高影响力表述尤为有用。我发现，自己获取高影响力表述的方式，大致分为三种：

第一种方式：我努力去创造它们！大约十年前，当我向公司高层推介《外部信息源》这一全新的节目形式时，我准备了长达数页的

Word文档，里面罗列了所有我希望我们能够尝试的想法和策略。对我而言，把所有内容都整理到一处很有用，但作为一种推动想法的方式，这并不奏效。我将那些冗长的笔记浓缩成一句话总结。我希望把《外部信息源》做成“一档极为高效、可靠的全球新闻简报节目，内容仅限于当日的新闻事件，选用来自各个渠道的最优质内容，无论其形式如何”。

作为定义该节目战略目标的一种方式，这句话或许能为我的上司和新闻编辑室的同事们提供有用的指引，尤其是在我们开始制作节目时。事实上，这句话确实起到了这个作用——多年来，我多次提过这句话。但在最初的日子里，当我努力让这个想法落地时，这并不是我所需要的高影响力表述。因为这句话太长了，而且包含了多个想法。在一次谈话或简短的介绍中，对方很难一口气接收这么多信息。于是，我开始琢磨更简练、更容易脱口而出的表述。以下是一些例子：

适应数字时代的电视新闻简报

实时信息整合

我们可以在观众面前构建故事

轻松而有深度

我们会优先考虑深度和背景信息——为知晓新闻的人提供新闻

这些表述能够迅速而有效地传达节目的核心理念。

第二种方式：留意自己所说的话产生影响的时刻。在筹备50:50计划时，我与许多有兴趣加入的团队进行了多次会议。由于许多同事都有着类似的疑问和顾虑，因而讨论通常沿着相似的路径展开。我开始留意到，有些表述明显有助于我更有效地给出解答。我会记下它们并再次使用。同样，如果我所说的某些话显然没有效果，我也会记下来。随着时间的推移，我逐渐发现哪些表述在使我的讲解更具影响力方面最为有效。

第三种方式：留意他人话语中的高影响力表述。“坚定的中立性”这一表述已成为我讲解视频的重要标签。这一表述恰到好处地总结了我正在努力做的事情。然而，这一表述并不是我原创的！正如我之前提到的那样，一位公司前高管加文·艾伦在采访中使用了该表述来描述我的工作。人们立即开始引用该表述并就此询问我。这一表述显然准确地捕捉到了我所做的事情，并引起了人们的兴趣。于是，我马上就开始使用它（当然，注明了出处……）。对我来说，这是一个非常重要的启示。有时候，他人反而比我们自己更能说清楚我们内心的想法。我们可以借用他们的表述，来使自己的讲解更加清晰易懂、更有影响力。

无论你以哪种方式发现它们，高影响力表述都是一种强大的工具。

完成初稿

我所建议的一切技巧都能丰富你的“武器储备”。当你觉得它们有用时就去用，而不是因为觉得应该用。希望它们能有助于你将线索和元素转化为可读或可听的内容。

至此，你已经有了一份讲解的初稿。这是一个非常重要的时刻。虽然工作尚未结束，但你现在有了一个实实在在的东西。当我写到这一步时，我很清楚，本书的撰写工作还远没有结束。不过走到这一步，让我第一次感到自己有可能完成这本书。在奋力迈向终点过程中，那些充满可能性的感受，常常为我们注入一股自己急需的能量。

不过，在完成第5步之前，我还想让你做一件事。

从头到尾检视

这是你第一次有机会从头到尾检视一下你的讲解内容。虽然在这个阶段，我们不用担心一切是否做得尽善尽美，但我们确实想看看整体是否协调、连贯。

- 你对不同线索和元素之间的过渡方式是否感到满意？
- 你的讲解内容中是否存在遗漏之处？
- 有没有你难以表达清楚的地方？

在任何情况下，你都可以立即采取行动，或者至少标记出需要进一步完善的部分。不管怎样，我们都希望找出仍需改进的地方。

快速检查：

- 你是否对坚持采用自己的故事结构感到满意?
- 你是否使用了不同的技巧来提供强调和推进力?
- 这符合你的风格吗?

你可以松一口气——第5步就此告一段落。从最初那个话题复杂、信息量庞大、让人感到不知所措的时刻，到现在，我们已经走过了很长一段路。现在，我们进入编辑阶段。

第6步 精简打磨

这是将不错的讲解提升为出色的讲解的关键时刻。这一步让我想起了小时候上学前那些昏暗、潮湿的清晨，那时我会练习钢琴。即便我已经基本掌握了一首曲子的弹奏方法，仍必须花上好几个小时来打磨每个部分，看看能否加以完善，最终呈现像样的表演。要是没有这一步，我只能弹奏几个音符，但那根本构不成连贯完整的曲调。

对我而言，第6步是我尝试塑造一个真正有效的讲解的阶段。如果没有这一步，一些关键信息就无法实现“整体大于部分之和”的效果，也不会像应有的那样易于理解和引人入胜。

法国已故音乐制作人菲利普·兹达尔（Philippe Zdar）捕捉到了这一时刻。在一段关于他如何与凤凰乐队合作的YouTube长视频中，他谈到了如何混音。他讲述了在创作过程接近尾声，团队确定了力图达到的目标之后，他是如何为所有不同元素设定层级的。

他说：“我们必须在创作真正结束时进行混音……这对神经来说是个巨大的挑战，因为你必须保持平衡和冷血。”

听到他这样说，我不禁苦笑。他讲的是音乐，而不是讲解，但他说得没错。在这一步，我们确实需要“冷血”！这也确实对神经有很大的挑战。精简讲解的过程，就像制作和混音一首曲目一样，需要清晰且有时甚至是冷酷无情的决策。之所以需要冷酷无情，是因为你可能不得不舍弃那些你已经花了很多心思琢磨的元素。

2016年，我花了一周时间访问硅谷。在与一些学者、记者、媒体高管以及科技领袖的交流中，有一个想法始终贯穿其中——那就是必须能够放弃自己深度投入的东西。

在访问谷歌公司专注于创新的X实验室时，我发现他们在这一点上走得更远。一名高管提到，他们会为终止那些未能取得成功的项目举办庆祝派对。这样做的目的是鼓励员工投入时间和精力去尝试新想法，而在这样做之后，也能理性切割，不让这种投入影响对是否继续推进的判断。这与人的自然倾向不一致。我们往往会偏向那些我们曾投入过的事物（这一现象被称为“沉没成本谬误”）。举办这些派对旨在努力营造一种文化，让员工能够承认并接受失败，而不是将其视为负面的东西。毫无疑问，得益于谷歌雄厚的财力，这种做法执行起来要轻松一些，但这依然引起了我的共鸣。

这一理念在新闻编辑室以另一种形式存在。日常新闻工作的一个核心特点在于：你要不断地将已经花费数小时、数天，甚至数周的工作整合起来，并尝试在某个特定时刻提供一个各类新闻事件的组合，无论是在节目中、网站首页、社交媒体动态，还是在报纸上。日常新闻工作的特点也意味着，随着新的新闻事件出现，旧的新闻事件往往会被舍弃。

在广播领域，这种情况体现得尤为极端。我记得2001年我刚刚加入公司时，我精心制作的一场长达一小时的讨论，因一条突发新闻而被临时取消，当时我感到非常震惊和气愤。编辑（理所当然地）当即作出决定，毫不迟疑。我当时还没有学会那种必要的“冷血”。

这种超然对于构建讲解内容非常有用。当我们制作讲解视频时，到了精简阶段，我们都熟悉那句“抱歉，我觉得这部分得删去。”如果唯一的反对理由是我们已经花了很多时间，或者我个人对某个表述特别偏爱，那么就要将其删去。

有时候，保留或删去某个部分是个重大的决定，但你也会做出很多小的决定。我们要逐句打磨，让每句话都尽可能精准无误、清晰明了。这些小的修订可能与大的删减同样重要，甚至更为重要。小的修订能够让你的整个讲解更加高效且富有推进力

秉持这种精神，准备好“手术刀”，让我们回到你手头的初稿，开始对其进行精简和打磨。我们将逐句检查，只要某个部分未起到传达信息的作用，我们就要果断地将其删去。就像这套流程中的每一个方面一样，将所有问题都写出来，可能会让你觉得这项工作看起来比实际上更难，但随着时间的推移，这些操作会变得自然而然。你会知道要注意哪些地方。和之前一样，在你开始精简文本之前，以下是一份供你参考的问题清单：

1. 是否存在理解障碍？

我们回到艾伦的“理解障碍”理论。从头开始检查，看看你能发现多少理解障碍。以下问题会对你有所帮助：

哪些人名或地名是必要的？

有时候，某个名称很关键，但很多时候并非如此。

例如，如果你想提及一所美国的大学，是否需要说明它位于得克萨斯？

哪些日期是必要的？

我们往往把日期写得过于详细，超出了实际所需。

例如，如果某件事发生在2012年，你是否有必要具体到2012年5月9日？

哪些统计数据是必要的?

你是否在用多个统计数据来强调同一个观点?你所列举的统计数据是否与你要阐述的观点直接相关?

例如,如果执政党获得了40%的选票,反对党获得35%,绿党10%,社会党3%,民族党2%,还有1%的选票被作废,你是否有必要提及多少选票被作废?或者提及一些较小党派的得票情况?这将取决于你正在讲解的内容。

更广泛地说,你是否收入了任何对讲解无关紧要的信息?

如果有,试着将其删去,看看效果如何。

2. 是否存在不必要的复杂表述?

看看是否有些表述可以更简练、更直接。

3. 有没有哪些句子,在不影响内容和意义的情况下,可以写得更简短?

此处的关键在于,不断寻找那些不起任何作用的词语,或那些可以缩写而不影响其含义的表述。

以下例子有助于你理解我的意思:

简化前:这相比另一个要小。
简化后:这比另一个小。

简化前:关于已经犯下的罪行……
简化后:关于这一罪行……

简化前:一名之前曾被禁赛过的球员。

简化后：一名曾被禁赛过的球员。

简化前：销售额有显著增长，我们希望这种势头能够持续下去。
简化后：销售额大幅上升。

简化前：可以说，在A国做出决定后，B国已别无选择。
简化后：鉴于A国的决定，B国不得不采取行动。

示例

我们已经审视过那些虽然有趣，却对总体目的无益的信息。除此之外，还有不少词语混进我们的句子中，完全没有发挥任何作用。

佐治亚南方大学（Georgia Southern University）修辞学和英语专业荣休教授理查德·诺奎斯特（Richard Nordquist）博士对此有深入的研究。我强烈推荐他的“英语中常见冗余”（Common Redundancies in the English Language）清单。在引言中，诺奎斯特博士写道：“因为我们经常看到和听到冗余表达，例如‘免费礼物’和‘外国进口’，所以很容易忽略它们。”他呼吁我们“准备好删去那些毫无助益的表达”，因为这些表达“只是让文字更长，而非更好”。我非常喜欢诺奎斯特博士的一句话，他说：“这些表达让我们的文字因不必要的词语而显得冗长。”

以下是他列出的冗余表达示例：

- （空前）纪录
- （共同）合作
- 在（……的过程）期间

- 聚集（在一起）
- 推迟（到以后）

你应该明白我的意思了。此类例子不胜枚举。

每写一句话，都要检查一下，是否有可以更简洁的表达，或者有没有多余的词语。这样做一定可以使你的句子更加精练。

这种精简打磨的累积效果相当可观，句子会变得更加紧凑、明白。即使是在一个简短的书面或口头讲解中，如果每一句话都经过精简打磨，你不仅可以节省时间，还能大大提升表达的清晰性。

---

4. 是否存在未讲清楚且有可能造成干扰的地方？

注意任何可能让受众感到困惑的地方。例如，当提到像“北约”这样的词语时，是否需要补充说明？

5. 你所展示的内容是否与你所说的内容相匹配？

你是否确定你所讲述的内容与观众所看到的保持同步？文字内容与视觉内容是否匹配？是否存在干扰因素？你是否提前透露了后续内容？

6. 开头是否吸引人，结尾是否给出了清晰的结论？

开头和结尾是否前后呼应？有没有什么办法能让开头和结尾更清晰、更有冲击力？

7. 你的讲解是否已解答了人们对这个话题的所有疑问？

你是否确信自己已经理解那些你想进一步了解的方面？而这是否

体现在你的讲解中？一切顺利的话，你将迎来一个令自己很有成就感的时刻——你会发现自己已经解决了清单上的所有问题。

8. 还有一个关键问题：所有线索和元素都是必不可少的吗？

我知道这个问题我们已经问过很多次了，但现在仍然可以再问一次。如果回答是肯定的，那很好。但要保持开放的心态，考虑回答是否可能是否定的。如果回答是否定的，那么在没有某些特定元素的情况下，该部分能否成立？如果去掉整条线索，该讲解能否成立？如果不确定，可以快速尝试一下。通常，你立刻就会看出能否成立。

随着你对讲解进行精简打磨，它会变得更加清晰明了，干扰因素也会随之减少。随着句子效率的提升，篇幅几乎肯定会缩短，同时，内容也会尽可能聚焦于你希望自己的讲解所达成的目标。不过，精简打磨的过程还有一个方面。

寻求第二种意见

正如那些总被我追着问意见的朋友、家人和同事所熟知的那样，我对任何类型的讲解都非常渴望寻求第二种意见。这并非总是可行，而取决于你在准备的内容。但如果条件允许的话，把你写的内容给其他人看一看。我这样做有诸多原因。

就像精简稿子有助于你找出所有不够精准或不够高效的地方一样，寻求第二种意见往往能为你所表达的内容增添额外的精细度与清晰度。即使这是你熟悉的话题，也总是有必要确认你的讲解是否准确、公正、全面。你还需要确保自己没有想当然地以为受众已经具备足够多的相关知识。如果你在某一特定话题上是行家，你就很容易忘记那些外行所不了解的东西。

当我把稿子发给同事时，我经常收到以“有个小问题，但是……”开头的回复。对此，我总是回复：“我很希望听听这些小问题！”正是这些细微之处才真正提升了水准。我们多次谈到你的可信度与讲解所获得的关注度息息相关。将细微之处做到精准无误可以提升可信度。同样，如果你忽略了一个错误，或者讲解中有一句话说不通，这就可能破坏整个讲解的可信度。你自己也一定对此深有体会。

我们都曾有过这样的经历，即看到一则新闻报道的内容是我们特别熟悉的领域——也许是关于我们的家乡，抑或是我们所在的行业。如果该报道中存在错误，这就会削弱我们对那名记者准确报道其他细节的信任。

引入第二双眼睛和耳朵也是检验你所讲故事的一个好方法。毕竟，这是你所构建的故事，所以你会觉得它更容易理解。然而，你觉得无懈可击的东西，对他人来说可能并非如此。

“我想传达的是X。”我会对我的制作团队成员迈克尔·考克斯（Michael Cox）和玛丽·富勒说。我会试图保留我个人非常喜欢的一两句话。

“恐怕这一点完全没有传达出来。”迈克尔和玛丽会告诉我。然后我们就必须将其删去——或者至少，对其做出修改。

最后，第二种意见还能增强我们的信心。假设我们正在为一次重要的面试准备一场演示。这场演示不仅需要对你想要传达的观点和叙事进行出色的提炼，还必须以充满自信的方式呈现出来。如果你看重某人的意见，而他支持你将要做的事，这会对你的呈现效果产生显著的影响。

对我的讲解视频来说，确实如此。随着我尝试践行“坚定的中立性”，我个人和公司所面临的风险也在增加。如果你想变得更加坚定，你最好把事情做对。这不仅仅关乎事实上的准确和中立（我们在这两方面都非常小心），还涉及我是否显得有倾向性。这有时是非常微妙的判断，而如果有一个值得信赖的第二种意见表示我的判断是对的，那么我就能更有信心地传达整个内容。

值得一提的是，我不仅在工作中这样做。如果我有一封难发的邮件，或准备进行一场棘手的对话，我就会请教我的妻子萨拉，我打算那样做出讲解是否合理。她的肯定可以让我对要讲的内容更加自信。

如果你没有经常可以分享自己努力成果的人，不妨思考一下谁可以成为那样的人。一个好的起点是问一问自己：“我认识的人中谁在这方面做得好？”而且这是互相的，我会向我的许多同事和朋友请教，他们也会向我请教。如果你真的对讲解感兴趣，交流一下哪些方法有效会很有趣。如果你还在为向谁请教而发愁，你可以退一步思考：谁可以帮你找到那个你可以请教的人？你问得越多，你就越有可能找到自己可以请教的人。

快速检查：

- 你是否确定已经把内容精简到不能再精简?
- 你有没有想展示或请教的对象?

你的讲解内容现在应该已经相当完善了。你完全可以使用它。不过，还有一个步骤——因为讲解不仅仅关乎内容，也关乎呈现方式。

第7步　传达呈现

人类的信息传达是一种艺术与科学的奇妙融合。如果我只专注于最初设定的那些标准——例如简洁性、关键细节、高效性、精准性、目的明确，以及应对复杂信息——那么我确实会得到一个准确无误、切中要点的讲解。问题在于：人们愿意接受这样的讲解吗？他们会主动选择去观看（或阅读）吗？

我们如何才能避免让人觉得节奏太快、信息量太大？一个“高效”的讲解会不会反而让人吃不消？就我早期为英国航空机上广播所做的努力而言，情况确实如此。

我们是否冒着这样的风险，即我们所提供的讲解或许能很好地提炼出我们想要表达的内容，而这种讲解却像煮得半生不熟的蔬菜一样——虽然对你身体有益，但看着没什么食欲。

这种风险正是我在高质量讲解的构成中加入“吸引人”这一要素的原因。这也是我从不想当然地认为自己能够成功讲解的原因。至少在完成第7步之前，我绝不会这样认为。我在大学时的经历和我早期的新闻工作让我掌握了一些有用的技巧，可以用来筛选和整理信息。而使我的讲解能力得到进一步提升的是：我开始意识到，如何吸引并保持受众的注意力，与我为他们准备的信息同样重要。我们已经探讨过“旋钮测试”如何确保我们注意这一点，以及“衔接语”如何使我们避免那些令人头疼的“硬性结束”。但这里还有更深层次的东西——同样，正是音乐和音乐家帮助我看到了这一点。

让我们再次回到20世纪70年代的洛杉矶。我们之前曾在那里思考过在专辑《蓝》中，乔尼·米切尔的音乐是如何向我们传达信息的。这一次，我想谈谈一位你可能从未听说过的杰出电吉他手。

在当时的洛杉矶，顶级录音棚乐手们的酬劳高得令人咋舌，因此他们通常选择不加入某支乐队。相反，他们与自己选择的音乐人合作。这不仅让他们有了更广泛的音乐经验，有时也赚得更多。迪恩·帕克斯（Dean Parks）就是其中一名录音棚乐手，他曾为许多大牌音乐人提供过演奏支持。他曾参与迈克尔·杰克逊的专辑《颤栗》（*Thriller*）的录制，曾与埃尔顿·约翰（Elton John）、史蒂维·旺达（Stevie Wonder）、麦当娜、比利·乔尔（Billy Joel）等众多殿堂级歌手合作过。这份名单确实令人肃然起敬。当斯蒂利·丹乐队（Steely Dan）开始制作他们1977年的专辑《Aja》时，他们也找到了帕克斯。

这里的背景信息是，斯蒂利·丹乐队的成员沃尔特·贝克尔（Walter Becker）和唐纳德·费根（Donald Fagen），因在每首歌的录制过程中为追求理想效果频繁更换录音棚乐手，而在音乐圈内声名狼藉。说他们对细节极其挑剔，这实在低估了他们为此所做的努力。有时，为了确定一首曲目中的一段独奏，一长串的录音棚乐手会轮流试奏。贝克尔和费根的目标是制作出那种能在电台播放并且畅销的音乐作品。这并不是那种曲风明快、朗朗上口的泡泡糖流行乐，但同样也不是刻意追求晦涩难懂的作品。到他们制作《Aja》时，斯蒂利·丹乐队已经发布了五张进入美国唱片销量排行榜前40的专辑。他们无疑希望这张新专辑能同样取得成功，而事实也的确如此。

我非常喜欢这张专辑，因此观看了关于其制作过程的《经典专辑》（*Classic Albums*）纪录片。贝克尔和费根坐在混音台前，面前是曲目中所有原始音轨元素，回忆起当年他们是如何制作这张专辑的，同时穿插了与他们合作的乐手们的访谈，包括帕克斯。

我相当确信，在接受关于1977年那张专辑的采访时，帕克斯绝想不到这些内容会出现在多年后的一本关于讲解的书里，但这正是即将发生的事。

在这部纪录片中，我们看到帕克斯坐在一个典型的洛杉矶场景中——阳光下的泳池旁，他在讲述与斯蒂利·丹乐队合作的经历。

关于贝克尔和费根，有一点很有意思：他们所追求的并不是完美的音乐，而是一种你会百听不厌的音乐。因此，我们会在音乐已经达到“完美点”之后继续打磨，直到它听起来如即兴演奏般自然。所以这是一个“两步走”的过程。第一步是达到完美，第二步是超越完美，让其呈现得更加自然。这确实是一种融合体。有趣的是，这张专辑最终居然大受欢迎。

这又是一个让我立刻深受触动的时刻。我回看了这部纪录片。虽然有点不好意思承认，但我确实激动得两眼放光。当时我正在推动我的节目《外部信息源》，我有时很难讲清楚我希望在风格和基调上实现什么目标。一方面，我希望这档节目比一些电视新闻节目更扎实、更高效、更详细；另一方面，我希望它比一些电视新闻节目更轻松、更自然、更接地气。表面上看，这两个目标似乎相互冲突。虽然我知道二者并不冲突，但我始终难以讲清楚这一点。而帕克斯比我更好地捕捉到了这一点。

帕克斯所描述的这两个阶段正是我处理任何形式讲解的方法。第一阶段是第1~6步，让一切信息尽可能紧凑。但是，正如帕克斯所说，斯蒂利·丹乐队力求制作的是“让人们百听不厌”的音乐。而当时，连我的母亲都不会反复观看我的讲解视频或电视节目。我的目标是让人们至少真正听我们一次。但这个道理依然成立。为了让人们愿意听，我们需要做第二阶段的工作——首先把一切处理得尽可能完美，然后再“让其呈现得更加自然”。这就是第7步我们所要做的工作。

《滚石》(*Rolling Stone*)杂志在评论《Aja》这张专辑时，描述了斯蒂利·丹乐队如何已从“表面上的摇滚，转向一种更为流畅、极其干净且经过精密计算的多种摇滚、流行和爵士风格的变体”。干净且经过计算，这一点再次引起了我的强烈共鸣。但正如帕克斯在谈到这张专辑时所指出的那样，“有趣的是，这张专辑最终居然大受欢迎”。它确实做到了——其销量超过了他们的任何其他专辑。斯蒂利·丹乐队将紧凑与松弛巧妙地融合在了一起。

所有这一切或许都让人觉得像是偏离了构建讲解内容的核心要点，而且有些随意。实际上，这恰恰是讲解的核心所在。

当我的讲解视频开始变得受欢迎时，路透社新闻研究所邀请我去做一场关于这些视频的研讨会。该所访问学者项目的副主任凯特琳·梅瑟(Caitlin Mercer)是这场研讨会的主持人。

“我在观看你的讲解视频时注意到一点。”凯特琳在路上对我说，“我发现自己开始找到了节拍，差不多每隔8秒钟就会有新的东西出现，比如新的画面、新的声音。这几乎就像一首歌。这是有意为之的吗？”

我的回答是“的确如此。”我对自己讲解节奏的把握非常敏锐。最好的书面和口头讲解都富有节奏感、个性和流畅性，这些特质都与讲解所传达信息的精准性与相关性相辅相成。接下来，我们来看一看如何确保你的讲解具备这些特质。

口头表达

检查讲解的最佳方法之一，就是利用我们对自身信息传达方式的了解。之前我说过，对于我的所有讲解，我都会问自己："我会这样说话吗？"如果答案是否定的，那就必须对其做出调整。

对"流畅性"的处理与此类似。虽然这种流畅性很难定义，但一个故事、一篇文章、一场演讲或一次论证都应具备流畅性。我们接收到的大部分信息传达都是口头形式的，我们对此都很有经验。我们知道什么时候他人讲得有道理，也能判断出什么时候他人讲得没有道理。当信息传达具备流畅性时，我们就会很容易跟上——我们听到的信息就会自然而然地逐步推进。如果我们停下来仔细想一想，就能发现什么时候信息传达具备流畅性，什么时候不具备。即使我们不确定原因，也能感受得到。

正如你可能已经注意到的那样，我非常关注如何将信息整合到一起。当我提到流畅性时，我实际上是在讲如何引导受众理解我们的讲解。当流畅性处理得当时，你的话语就具有逻辑性和节奏感。如果流畅性处理不当，你的话语衔接就会显得不连贯——要么是因为你的话语没有道理，要么是因为你的话语节奏与前后内容不协调。

虽然"流畅性"听起来可能是一个难以捉摸的概念，但它并不像你想象的那么难以理解——因为你知道什么时候你在清晰地表达，什么时候他人讲的话让你觉得有道理。我们可以利用这些直觉来进行调整。我们可以通过口头表达来做到这一点。

我会将自己撰写的每一份讲解内容都转化为口头表达，无论该讲解内容是用来读的还是用来听的。对我来说，无论我在脑中多么专注地阅读讲解内容，都不如大声读出来有效。即便做了二十多年的新闻节目主持人，我还是必须把稿子念上几遍，才能确定它是否完全没问题。而每当我这样做时，我几乎总会对其做出调整。

我将这一过程视为去除所有“褶皱”。这并非针对我们讲解中的重要观点、事实或结构——我们对这一切都已很满意了，而是针对流畅性，以及整篇讲解如何做到协调一致。这不仅仅是为了改进信息的呈现方式，在口头讲解中，这还有助于我们找出那些可能会导致停顿的地方，或者那些缺乏精准性和冲击力的地方。

打开你的讲解稿，以不急不缓的语速读出来。

不要一口气快速读完，你需要有机会找出每一处褶皱。读的时候，问一问自己：

- **这符合我的风格吗？**

如果不符合，是否可以做出调整，让这些话听起来更像是你自己说的？

- **每句话是否都合乎逻辑地过渡到下一句？**

如果没有，试着调整上一句的结尾，或者——通常更容易的是——调整下一句的开头，以使衔接更加顺畅。

- **每句话是否与上一句自然衔接？**

如果没有，能否找出那些影响流畅性的词？这些词听起来不太对劲的原因是什么？

每次做出调整之后，都要再次读出来，感受一下效果。如果调整有效，那很好。如果无效，继续调整，直到读起来顺畅为止。

在这一部分有一条简单的经验法则：**如果感觉不对，不要放着不管**。这些“褶皱”确实会影响你呈现讲解的方式。把它们全部去除，总体效果会非常强大——既可以让你呈现起来更加轻松，又可以让你的讲解听起来更加清晰、自信。

从头到尾再读一遍

“再读一遍？”你可能会问。但确实有必要这样做。我把这个过程称为“修车铺时刻”。你知道，当你把自行车带去检修，技师会检查链条、齿轮等部件。一旦他们完成检修，他们就会把自行车放到一个支架上，转动车轮，如果一切正常，车轮就会顺畅地转动。

再读一遍你的讲解稿。如果一切正常，你的讲解也会读起来非常顺畅。如果是这样，那说明不需要再做任何调整（这种感觉非常好）。如果读起来仍然不够顺畅，是什么原因导致了不顺畅？通常你可以找出一两个词，修改它们，再读一遍。

如果你的讲解是书面形式的，那么你的工作就完成了。你的讲解稿已准备就绪，随时可用。那是一种我永远都不会厌倦的感受。

如果你的讲解是口头形式的，那么你的工作差不多完成了，但还差一点。我们先来看一看你在演讲或演示中可能会使用的视觉元素。如果你不使用这些元素，可以直接翻到第180页。

置入视觉元素

在第4步中，你已经列出了你打算在讲解中添加的视觉元素。现在是时候重新审视它们了。我们需要确定使用哪些元素以及将它们放在什么位置。

打开你的讲解稿和视觉元素清单，开始在稿子上标记出它们应该置入的地方。

在做这一步时，请记住两点：

其一，要时刻考虑你已经讲过的内容。如果你展示了一张支持你所讲内容的图片，然后按照稿子继续向前推进，那么这张图片仍会留在屏幕上，但可能不再与接下来的内容相匹配。一些视觉元素适用于你所讲内容中较长的段落，而另一些仅在你明确提到它们时才有用。我总是在寻找那些能够在讲解内容的各个部分之间起到串联作用的视觉元素。

其二，时机至关重要。我对其把控非常严格。如果你能精准把握视觉元素出现的时机，它们会带来更大的冲击力。

我在制作《外部信息源》时，花了大量时间去琢磨这一点。正如我之前提到的那样，这个节目旨在汇总一个新闻事件中的所有关键信息，无论其以何种形式出现。接着，我要做的是将这些信息整合起来。而难点在于，信息元素往往很多，如果它们在错误的时机出现，就会既分散受众的注意力，又让信息传达变得混乱。

多年来，我们有一个触控屏，我会用它来调出这些元素。为了确保时机恰到好处，我会在稿子中加入说明。对于任何加入视觉元素的讲解，我都会使用非常类似的说明方法。以下是一个简单的虚构示例，展示了如何利用触控屏来实现这一点。

示例

引子

巴黎爆发了大规模抗议活动。

地图

抗议活动发生在凯旋门附近，你可以在地图上看到这里。现场已经发生了冲突。

图片

这是一张由路透社摄影师拍摄的照片。我们可以从画面中看到普通警察。

图片

但在第二张照片中，我们还看到了防暴警察。他们是由市长派来的。

引述

……称这些抗议者为“闹事分子”。

视频

这是在一条小街拍摄的视频，我们可以看到越来越多的人正试图加入抗议活动。

你可以看到，当我想要引入这些元素时，我会如何精确地安排说明的位置——不一定是在句子的结尾。我的话语和你所看到的内容之间有着直接的关联。二者的结合使你所表达的内容更具冲击力，因为话语和视觉元素服务于一个共同的目标。你还可以在你的故事中营造出一种推进力。

如果你在讲述自己的创业故事，并想展示公司2010年、2015年和2020年的利润——如果你一股脑地把所有这些信息都展示出来，那么戏剧张力就会大打折扣。相反，你可以这样做：

示例

显示日期的画面

我在2008年12月创立了这家公司。起初，它的规模很小。

2010年利润图表

2010年，我们的利润为5万英镑。我们样将这笔资金回投到业务中，并获得了外部投资。到了2015年，我们的业务范围已经扩展到了整个欧盟地区。我们的利润达到了……

2015年利润图表

……150万英镑。我们雇了更多员工，偿还了债务……

最初总部的照片

……并从位于西伦敦的狭小办公室……

新总部的照片

……搬到了街对面更大的办公室。到了2020年，我们的利润……

2020年利润图表

……达到了500万英镑。我们公司的规模比我曾经设想的还要大。

各个视觉元素环环相扣，共同支撑你所要传达的信息，并构建了一个我们希望听众想要继续听下去的叙事。

如此一来，你最终会有很多视觉元素和幻灯片。这没问题。这并不意味着你会花更多时间，而只意味着你的视觉元素会更精准地与你所表达的内容相匹配。

在选择并排列好你的视觉元素之后，试着用稿子把它们串联起来讲一讲。你觉得是否协调？如果不协调，调整视觉元素，直到你觉得它们始终支持你想要表达的内容为止。不断尝试，直到你对它们的位置，以及你对它们的呈现方式感到满意为止。

每次做演讲或演示时，我都会运用这一技巧。

关于这一技巧，最后再补充一点——如果你的话语和视觉元素都足够相关且吸引人，你就不需要再加入任何花哨的修饰。不要使用任何花哨的音效或动画，除非它们有助于提升讲解效果。否则，它们可能会分散听众的注意力，并且让他们觉得你需要加入这些东西来让内容变得有趣。如果你所说的和展示的内容足够相关、清晰且高效，听众很可能会专心听。

至此，你已经为讲解的呈现做了大量准备工作。你已经把稿子读了好几遍。你已经检查了内容的流畅性。你已经去除了任何褶皱。你已经对任何你可能需要的视觉元素做了选择和排序，并安排了它们出现的时机。

这些视觉元素将纳入你接下来的考量之中——如何确保你所要表达的内容得以准确传达。

念稿法 vs. 提示法 vs. 背稿法

念稿法

现在，你已经把你要讲解的内容完整地写了出来。正如我之前提到的那样，在某些情况下，例如在重要的演讲或正式的工作演示中，你可能需要确保每一个字都准确无误。如果是这样的话，你现有的内容就不需要做出改动。但还是要认真思考一下，这是不是最优选项。无论你如何流畅地朗读这些文字，除非你有某种提词器，否则你很难掩饰自己在念稿。

（奥巴马在演讲时经常使用提词器，许多美国政治人物也是如此。他们使用的是那种透明的提词器，通常放置在讲台的左右两侧。所以，如果你观看他们的演讲，就会发现他们先看向一边，然后再看向另一边。这使得他们既能保持自然的表达，又能准确地传达讲稿内容。不过，对于我们大多数人来说，演讲时可能无法用上这种技术。）

念稿法有其独特优势。你可以确保语言的准确性与清晰性，能够很好地把控讲解节奏，进而掌控全局。但也要注意，这种方法存在一些潜在的风险和缺点。

这在实际操作层面存在一个问题。当你低头看稿时，会有大量文字映入眼帘，而你需要迅速找到继续念的文字所在的位置。在练习时，这已经很困难了，压力大的时候更是如此。即使我在公开演讲方面越来越自信，我也很清楚那种低头查看却一时找不到位置的感觉。只需不到一秒钟，大脑就可能开始飞快运转。此时，你为了寻找接下来要讲的内容不得不停顿，而这反过来又会影响讲解的节奏和表达的流畅性。

如果你确实需要念稿，以下三条实用建议或许能帮到你。问一问自己：

- **字号是否大到让你一眼就能找到你要念的内容？**

记住，你的排版不是给其他人看的，而只是给自己看的。以20号字发布文章或制作宣传册可能有些可笑，但此处的目的不同。这些文字的唯一用途就是帮助你发言。因此，把文字放大到易于照着念的程度会非常有帮助。虽然字号越大，翻页的次数就会越多，但你很快就能找到适合自己的感觉。其实，并不只有你会这样做。如果你曾见过有人在发表重要演讲时照着稿子念，他们通常会拿着厚厚一叠A4纸。即便是经验丰富的演讲者，在这种时刻也更倾向于使用较大的字号。

- **行距是否合适？**

如果行距太小（比如本书，实际上大多数图书都是如此），会让你更难找到文本中的特定位置。对于阅读一本书来说，这不成问题，但如果你在念稿子，那就成了问题。你会找出最适合自己的行距。就我个人而言，在念稿子时，我更倾向于用1.5倍行距。

- **是否添加了小节标题？**

小节标题在许多书面文本中很常见，从本书到杂志文章或网站上的文章都是如此。在这种情况下，小节标题用于提示你即将念的部分的主题。在这里，小节标题仅仅服务于你自己。如果你需要快速找到自己要念的内容的位置，小节标题会非常有帮助。只要你觉得有用就尽量多添加一些。我个人倾向于尽可能多添加小节标题。

有时，完全通过念稿来进行讲解会让人感觉更踏实、更合适。但对我而言，可能对你而言也是如此，很多时候，使用逐字稿并不会达到你想要的效果。采用这种方式可能显得过于正式，限制了你与听众建立联系的能力。此外，这样做也并不能让你以最轻松的方式，调取你已准备好的内容。这时候，提示法就派上用场了。

提示法

每当我准备进行任何形式的口头讲解时，如果我有笔记或稿子，我总会认真审视那些我将要查看的内容：它们究竟是可以让我感到踏实，还是确实能提升我的表现——因为这两者可不是一回事！

使用逐字稿或许能让你感到更踏实，但很多时候，这并不能真正提升你的传达效果。而使用要点提示，却往往能做到这一点。在许多情况下，眼前只保留最关键的词语，更有可能实现这一目标。

如果你想准备要点提示，另建一个文档，复制粘贴一份完整的讲解稿。（我们仍然希望保留完整的稿子作为参考，因此不要删除它。）

现在，逐一处理每个部分。

你最多能删减到什么程度，同时还能记得要说的内容？

哪些提示词足以让你记住这一部分？

如果你删减得过多，或者缺少足够的提示词，就把一些内容加回去，直到你感觉合适为止。

试着用手头已有的内容进行练习。请记住，你第一次尝试时几乎不可能达到理想效果。我通常一开始列出的要点提示比最后保留下来的要多。随着练习次数的增加，对要点提示越来越熟悉，我会再删减一些。

一开始不要用整个讲解内容来练习。先分别练习每个部分，并允许自己随时查看要点提示。当你对每个部分都感到熟练之后，再练习将两部分衔接起来。当你可以熟练衔接两个部分时，再增加更多的部分，依此类推。

在练习过程中，不断调整这些要点提示。它们唯一的用途就是帮助你流畅而准确地传达讲解内容。当你觉得快要接近一目标时，再完整演练一遍——不过这一次，要设想自己正在面对听众。此时，你会频繁地将视线从要点提示移开。当然，这要难得多，但你可能会收获一个惊喜。通过逼迫自己在没有稿子、只有要点提示的情况下讲解各部分内容，你的大脑会比在有稿子的情况下练习时，更加适应即时构建的这些句子。

如果你已经完整地写出了讲解内容，那么你大声说出的句子，将基于已经写出的句子。你讲出来的内容应尽可能贴近你原先确定要说的内容。不过，每次在你传达这些内容时，它们都会略有变化。这并不是问题。事实上，正是这种变化带来了一些奇妙的效果。

你会对讲解中的关键表述变得非常熟悉。你几乎总是会以相同的方式讲出它们。但是，由于你使用的是要点提示而非稿子，你围绕这些关键表述而说的其他话必然会有所变化，听起来会更加自然和口语化（而不是像在念稿子）。只要这种技巧运用得当，你就能自信、清晰、沉稳且连贯地讲出那些最重要的内容，并且由于你是在对听众讲话，而非对他们念稿子，因而这会对他们更有吸引力。

随着练习的进行，你也会开始注意到哪些时刻可以最自然地低头看一眼。你可以把这些时刻记录下来，或者至少在心里记住。低头查看固然是获取提示的好时机，但其中也暗藏风险——你的讲解可能会失去目的性和吸引力。你越是清楚自己何时以及如何低头查看，这些要点提示就越能帮到你。

你可能已经看出来，我个人非常喜欢使用提示法。我在各种场合都会使用要点提示，无论是大型正式演讲、电视或广播的现场报道，还是几乎来不及准备的即兴发言。这是一种实现精准性与流畅性非常有效的方法。

以下是我准备要点提示的一个示例。这是2022年我在一次媒体会议上发表演讲的一个部分，当时鲍里斯·约翰逊（Boris Johnson）刚刚宣布辞任首相不久。出于种种原因，我当时采用的是念稿法。但如果是在更为非正式的场合，我肯定会采用提示法，而以下就是我准备要点提示的方式。

示例

我想说的

很高兴在这里和大家谈一谈未来——以及新闻。我想从7月6日星期三开始讲起。那是一个温暖的夏夜——我站在唐宁街上。

离我几米远的是唐宁街10号那扇著名的黑门，门背后是鲍里斯·约翰逊。首相正面临巨大的政治困境。他的许多同僚希望他辞职——而在那一时刻，我们所有人都想知道一件事——他会辞职吗？

当然，我并不知道。我肯定没有预料到第二天早上约翰逊会屈服于压力而选择辞职。

历史学家或许会认为他的辞职是不可避免的。然而，站在唐宁街上——凝望着那扇还亮着灯的窗户，在那个戏剧性的星期三夜晚，我并不知道。

但我知道其他许多事情。我知道保守党人在说什么。我知道最优秀的英国政治记者们在报道什么。我知道约翰逊留任或下台的流程。我知道他陷入困境的长期原因。无论接下来的事态发展如何，未来如何，我都已经准备好相关的信息，以便让自己有最充分的把握去回应这一新闻事件。

最初的要点提示

此处，我做了两件事。我删去了那些对我理解句子大意无关紧要的词。我还删去了那些我确信自己会记得的信息，例如“很高兴能做这次演讲”，我知道自己肯定会记得说这句话！

引子

- 在这里和大家谈一谈未来——以及新闻。
- 7月6日、温暖的夏夜、唐宁街。
- 著名的10号黑门。鲍里斯·约翰逊正面临政治困境。
- 他的许多同僚希望他辞职。他会辞职吗?

我的情况

- 我不知道第二天早上约翰逊会辞职。
- 历史学家、不可避免。
- 唐宁街、灯、周三夜晚。

我所知道的

- 保守党人在说什么。
- 英国的政治记者们在说什么。
- 约翰逊可能留任或下台的方式。
- 他陷入困境的长期原因。
- 我已经准备好做出回应的信息。

简化后的要点提示

到这个时候，我已经多次排练了演讲。我对自己要表达的关键表述、描述和观点已经非常熟悉。因此，我从这些要点提示中寻找的只是提示词。有了这些词就足以让我回忆起整个熟悉的部分。

引子

- 7月6日、唐宁街。
- 他会辞职吗?

情况

- 第二天早上辞职。
- 不可避免?

我所知道的

- 保守党人
- 记者们
- 流程
- 长期
- 最充分的把握

或者如果我感觉非常熟练……

- 7月6日星期三
- 情况
- 我所知道的

以上三点提示可能足以唤起我在演讲中这个部分要讲的所有内容。

问问自己：

- 字号是否足够大？
- 行距是否合适？
- 我能快速看清楚要点提示吗？
- 仅靠要点提示，我能顺畅地讲完每个部分吗？
- 我能顺畅地完成整个讲解吗？
- 是否应该添加或删去一些要点提示？
- 当我想低头查看时，我是否自信？

背稿法

除了念稿法和提示法之外，还有第三种选择——将整篇内容背下来。如果你要做一场没有视觉辅助的长演讲，这可能是个不小的挑战。有两种方式可以做到这一点。第一种方式是背下整篇稿子（就像演员背台词那样）。我自己没有这样做过。虽然我愿意接受指正，但我实在想不出，有什么情境需要你一字不差地完美复述。我们暂且不谈这种方法。第二种方式本质上就是像我们在上一节所做的那样，准备要点提示，然后熟悉要点提示以及你围绕它们想表达的内容。

这并非不可能，并且这可以带来非常有说服力的讲解——但你仍然要问一问自己：我为什么非得把这些全都背下来？

如果不是非这样不可的话，我还是建议你采用列出要点提示的方式，以减轻负担。如果你有充分的理由选择背稿，我们稍后会介绍一些真正有助于你应对这一挑战的记忆技巧。

不过，在此之前，有一种技巧可以让你在无须借助任何形式笔记的情况下发言，同时也不需要将所有细节都记下来。

视觉提示

在有视觉呈现配合的情况下，凭记忆讲解的难度会大幅降低。很多时候，幻灯片（或任何其他视觉支持）可以起到提示的作用，使得不借助笔记变得容易得多。这些视觉提示几乎可以替代你可能使用的要点提示。这是个好消息。不过，这里也有一个潜在的风险。

最具说服力的讲解兼具目的性与推进力。如果一场讲解每隔几秒钟便因查看提示而中断，那么它将既缺乏目的性，也缺乏推进力。你一定可以回想起这样的PPT演示：演讲者对着幻灯片讲话，停顿一下，看看屏幕，点击进入下一张幻灯片，再停顿，然后继续讲。这通常不是最吸引人的讲解方式。

因此，当我们对着幻灯片讲解时，我们要把讲解内容自然融入幻灯片中，并提前知道接下来幻灯片中会出现什么内容。所以，尽管幻灯片或任何视觉辅助可能有助于凭记忆讲解，但我们仍然需要清楚自己想要说什么。我们不能依赖幻灯片来提示我们接下来该说什么。我甚至认为这本就不是幻灯片的作用。任何视觉辅助手段或许能通过提示你想表达的内容，来让讲解变得更轻松，但它们的存在只是为了支持和补充你的发言，而不是成为讲解的推动力。

如果你选择这种方式，请练习一边讲解一边播放幻灯片。在练习过程中，你会越来越熟悉幻灯片的顺序，从而能够将讲解内容自然融入幻灯片中，而不是被幻灯片牵着走。

既然你已经决定是使用讲稿、要点提示，还是凭记忆来讲了，那么接下来就是拼图的最后一块——你打算如何讲出你的讲解内容。

语速

有很多种方法可以用来调整你讲解的方式。让我们先从语速讲起。这又是我吃过苦头才学到的教训。在我刚做电台主持人的时候，由于迫切渴望引起听众的兴趣，我加快了语速。速度对我来说也很有诱惑力，因为我讲得越快，我的话语中所包含的信息就越多。然而，这两个判断都是错的，而听众可能又一次被我搞得一头雾水。

为了解决这个问题，我开始尝试保持同样投入而富有感染力的语调，但放慢语速。我听起来仍然对话题充满积极的兴趣，但听众有了更多的空间来消化信息。我的节目效果因此得到了提升。

我还用对效率的关注换取了语速的降低。如果我的语言足够高效，即使放慢语速，我也能为信息传达争取更多时间。这同样起到了积极作用。

这样做还有一个额外的好处。随着语速放慢，我的呼吸变得更加顺畅。而当你的呼吸得到控制时，你的发言会更具权威感。

尝试找到适合自己的语速和语调是值得的。检验自己表现如何的两个最佳方法是录下自己的声音然后回听，或者请其他人听一听。如果你对这两种方法感到害羞，我能理解，但收获会远远超过你可能感到的不适。

如果你录下自己的声音，我建议你在纸上分两栏做出总结——一栏写下你想要保留的地方，一栏写下你想要改进的地方。自我评估不能只列出你做得不对的地方。你也会有做得对的地方，而记录这些同样重要，这样你才能继续做这些对的事情。

一旦你确定了自己满意的语速和语调，尝试变换语速也会非常有效。

强调的技巧

强调有助于讲解。你要讲的内容中，有些部分比其他部分更为重要。语速、停顿和语调的变化都有助于突出重点。

示例如下：

这次销售额的下降是预料之中的。该行业组织发布了以下声明："我们对这种情况竟被允许发生感到非常失望，但遗憾的是，自从这些规定出台后，这是唯一可能的结果。我们将采取**法律行动**。"我们再来看一看该行业组织发布的数据。该行业的销售额在**两年前曾达到1亿英镑。去年，这一数据降到了1000万英镑。**

这段引用中的第一部分虽然相关，但属于预料之中，我会加快语速带过这一部分，加粗的三处信息才是最重要的——法律行动的威胁和鲜明的数据对比。我会在这三处放慢语速。以下是这段文本的再次呈现，不过我已经标注了我打算如何表达——用加粗来强调：

（以正常语速开始）这次销售额的下降是预料之中的。该行业组织发布了以下声明：（稍作停顿，加快语速）"我们对这种情况竟被允许发生感到非常失望，但遗憾的是，自从这些规定出台后，这是唯一可能的结果。（恢复正常语速）我们将采取**法律行动**。"（稍作停顿）我们再来看一看该行业组织发布的数据。该行业的销售额在两年前曾达到（放慢语速）**1亿英镑**。去年，这一数据降到了（稍作停顿）

1000万英镑。

如果你按照这些说明来读这段话，应该可以听出语速和强调的变化如何帮助你传达最重要的信息。

当然，我并不期望你每次讲解时都如此细致地标出每一个要强调的点。但值得思考的是什么信息最为重要，以及如何在表达中对其加以强调。正如许多此类技巧一样，关键在于不断尝试，找出对你有效的技巧。

标记稿子的技巧

2001年我加入公司时，电台新闻播音员都会在稿子上做标记，以帮助自己播报新闻摘要。我常常着迷地看着新闻播音员走进演播室，准备播报新闻简讯。大多数时候，隔着桌子我看不清他们稿子上的字，但我可以看到他们在文字周围所做的标记。我以前从未见过这种做法，但我有理由对此产生兴趣。

每当我们感到紧张时，我们的呼吸往往会变得浅而短促。如果发生这种情况，我们需要比平常更频繁地呼吸。反过来，如果这种情况发生了，我们很有可能在读一句话过程中频繁地呼吸。而所有这些都可能干扰你的呈现效果。

稍后，我们将探讨如何管理紧张情绪，但无论你是否感到紧张，规划你的呈现方式，都会让你在表达时更有掌控感和自信，而呼吸则是呈现方式中的一部分。在这套流程的早期阶段，你使用简洁而精练的句子的做法已经帮到你了，而我还会通过标记稿子来进一步帮助自己。具体做法如下：

- **/停顿**

对于句子间那些我本来就会自然停顿的地方，我不会逐一标记。然而，有时候，如果我们在某个特定的点不停顿，那么我们可能会在下一个停顿的机会到来之前没有力气停顿。我使用斜杠来提示自己呼吸。示例如下：

这所房子已经无法居住——屋里潮湿、窗户破了、屋顶漏水，说实话，还臭气熏天。/我们不得不决定将其拆除，然后彻底重建。

- **//停顿以示强调**

我使用双斜杠来提示停顿以强调。这比你通常在句尾停顿的时间要长一些。示例如下：

我们不得不问自己几个问题：//
我们有足够的资金来做这件事吗？//
我们有做这件事的人脉吗？//
我们有胆量去做这件事吗？//

- **→继续讲**

这是一个非常重要的标记技巧。我们常常因为在不恰当的地方停顿，而打乱了表达的流畅性、节奏和呼吸。如果有一个地方你必须继续说下去，那么在你可能会停下来的地方画一个箭头。这有助于你避免因短暂停顿，而错过可以适当做个呼吸的地方。示例如下：

这片区域很美，但存在三个问题：河流被污染了，→农田被污染了，→空气也被污染了。

- **加下划线以示强调**

如果需要强调某些词，就把它们标得明显一些。示例如下：

这个项目的成本增加了50%。

我并不是建议你在每次口头讲解中都采用这种标记方法。有时候，你会觉得即便没有做这种标记，自己对表达也足够自信。有时候，你根本没有足够的时间去看清楚稿子上的所有标记。随着你演讲水平的提高，其中一些节奏也会变得自然起来。

不过，做标记是一种非常有用的思考方式，有助于你理清自己希望如何呈现每一句话。我常常会提前把讲解中难懂或重要的部分标记出来以便练习。我会尝试不同的语速、停顿和强调，一旦满意，就将其标记出来，再反复练习几遍。一旦我对自己的呈现方式驾轻就熟，在实际讲解时，我可能就不会真正使用做过标记的稿子了。此时，我对稿子的整体结构已经了然于胸，哪怕没有标记也能自然流畅地讲出来。

有一点要补充说明，这些标记是我按自己的习惯做的，你也可以根据自己的需要来自由做标记。做标记的唯一目的是帮助你呈现讲解，而你会知道如何做标记对你最有效。

至此，你应该已经对自己的讲解内容相当熟悉了。但还有一点需要注意。

卡壳

即使到目前为止，你每一步都做得恰到好处，但当你说出某个特定表述、名字或要点时，你可能总感觉不顺口，或听起来别扭。这一点不容忽视，因为你很可能会在那一刻卡壳，或者至少会因为担心自己可能会卡壳而分心，而这反过来会影响你在这一部分的呈现效果。

甚至还有一个电视节目主持人熟知的现象，那就是你准备好了正确地念出某个难念的名字，终于念对了，可紧接着的词却念错了。你的大脑如此专注于正确地念出那个名字，结果两边的词都没能完全正确地念出来。

如果我回想自己的青少年时期，每当我在弹奏某段曲子遇到困难时，我的钢琴老师总是告诉我，放慢速度，反复练习，直到弹对为止。这是个非常中肯的建议——如果潜在的障碍不可避免，那么最好的做法就是采取行动，尽早处理。在这种情况下，看看做了标记的稿子能否能帮助你处理存在问题的那几句话。如果某个词很难念，那就把它的读音标出来，然后慢慢地反复念。

然而，这和学习弹奏一首曲子有一个不同之处。如果你在学习弹奏一首曲子，有一段你一直弹不好，你会放慢速度，单独练习这一部分，但你并不能真的去改动乐谱上的音符。这个选择对你来说是不存在的。幸运的是，对于我们此处所面临的情况，这样做是非常有效的。表达某个词的方式很少只有一种，因此如果你觉得某个词或名字不好读，那就尽可能换一种表达，避开它。

在我刚开始做主持人时，马哈茂德·艾哈迈迪–内贾德（Mahmoud Ahmadi–Nejad）是伊朗总统，无论我在办公室里多么流畅地说出他的名字，一到演播室里，我总会说得结结巴巴。每次都会出现这种情况，要么是这个名字，要么是这个名字前后的词。这个问题一直困扰着我，因为他的名字在新闻里频繁出现。每次我在这个名字上出现卡壳后，一名同事总是好心地教我如何读这个名字。但这并不是问题所在——我出了演播室就能说得很标准。

我决定避开这个问题。每当稿子或者采访中出现他的名字时，我就会说“伊朗总统”或“伊朗领导人”，而不说他的名字。据我所知，没人注意到这一点，我因而可以更加自信地播报所有关于伊朗的新闻。几个月后，这个问题就不再困扰我了，我开始偶尔说出“马哈茂德·艾哈迈迪-内贾德”。随着我每一次顺畅地说出这个名字，我的自信心也在增强，问题很快就消失了。

永远不要为绕过一个潜在的障碍而感到不安。听众只知道你说了什么，而非你原本打算说什么。只要你没有在需要传达的关键信息上打折扣，避开这个问题通常是值得的。

这是一种让自己对讲解的方式感到自在的做法。在整套流程的“传达呈现”环节，所有技巧都旨在以各自不同的方式实现这一目标。熟悉度直接关系到你的传达质量。这既适用于你打算说的内容，也适用于你打算说这些内容的场合。

但在探讨这一点之前，我们先来谈一谈时间控制的问题。

把控时间

这一点的重要性再怎么强调都不为过。如果你确信自己要说的内容能在规定的时间内说完，那么你就少了一件烦心事。你还可以降低在时间不足时仓促讲出或舍弃重要信息的风险。这一切都能提升你在呈现讲解时的自信心和说服力。而且这也确保你能说完你原本打算说的内容。

与此相反的是，如果你仓促完成讲解，在最后一刻舍弃某些内容，抑或只是在规定时间内草草收场，这都会影响听众对你的信心。

此处的关键在于准确把控你的发言时长。这比你想象中要难。这是我基于经验给出的建议。

有时候，我会被要求估算我正在编写的新闻稿的时长。我会坐在新闻编辑室的桌子前，掐着秒表读一遍稿子。“现在，你能按照实际报道的方式来读吗？”一名制作人会眨着眼睛问道。他们知道我有时会在实际报道时读得比预期慢。这意味着我有可能告诉他们报道大约需要3分钟，但在实际报道时可能会变成4分钟。**对发言时长的估算保持现实的态度**是一条非常重要的原则。

我在公开演讲时通常很注意把控好时间。我经常做演讲，并且很少超时。但前几天，我再次深刻认识到错误估算发言时长会带来多大的麻烦。

我当时要在哥本哈根的一次会议上发表演讲。我在准备方面做了本书中所提到的一切，并且当我事先给自己计时的时候，结果与分配给我的发言时长正好一致。

当轮到我发言时，一切似乎进展顺利。正当我讲得兴致高涨时，主持人礼貌地打断了我：“我想我们需要进入你的最后总结。”我掉进了两个常见的陷阱。其一，我讲得比我在酒店房间里轻松练习时要慢。其二，有时我们会在演讲中加入一些额外的词语和表述。虽然听起来颇为自然、随性，但这增加了时长（并让我们的表达变得不够精准）。这两件事我都做了，而此时，一个专家小组正等着开始发言，我已经没有时间了，所以我不得不舍弃演讲的结尾部分。

令我懊恼的是，我本可以提前缩减讲解内容，但我并没有意识到自己需要这样做。这是一个深刻的教训，让我明白了要认真遵循每一个步骤，尤其是要准确估算计划发言的时长——而且如果可能的话，留有一些余地。在面试或做推介时，这一点尤为重要，因为你希望掌控发言或演示，并确保传达所有要点。如今，每当我估算自己的演讲时长时，我总会想起哥本哈根的那次经历。

熟悉环境

我上大学时非常喜欢收听直播5台的《通宵达旦》。这档节目涵盖了来自世界各地的五花八门的新闻事件。不管我晚上在忙些什么，我总会收听它，在半睡半醒间被带到世界的各个角落。这档节目也让我想要投身广播行业，并加深了我成为一名全球新闻记者的渴望。十年后，我有幸成为《通宵达旦》的一名制作人，并且在我已经为节目贡献一些内容之后，节目组邀请我在一个周末代班主持。我毫不犹豫地接受了，随后有好几周时间来思考即将面临的挑战。

我第一次主持《通宵达旦》是在一个星期五晚上。这不仅是我第一次主持这档节目，也是我第一次在公司主持节目。不仅如此，这还是直播5台——我多年来一直痴迷收听的电台，尤其是在我找不到工作的那段时间。对我来说，这无疑是件大事，而随着这一时刻的临近，我感到丝毫不在状态。我当时顾虑重重，觉得自己完全失去了控制，可以说惊慌失措到了极点。

“你能为这件事做点什么吗？”我的妻子萨拉问我。正如我当时回答的那样，很明显，我对做这些采访并不感到紧张，我以前在广播中已经做过不少次了。令我感到焦虑的是，担任这档节目的主持人所需面对的其他所有事情——如何开场、在哪里插入音乐、什么时候切换到新闻，诸如此类。“家具”是我们用来描述节目中固定环节的行话。作为制作人，我了解这些“家具”，但作为主持人，我并不清楚如何在其中自如地呈现。

“我觉得你应该进去看看。”萨拉建议道，“你能进入一间演播室吗？”

我确实可以。于是，我安排预定了一间演播室，并确保所有我可能需要在节目中播放的音乐都已准备好。我在休息日略带傻气地花了一个小时从家赶到公司。当我到达那里时，我坐在演播室里，反复练习主持过程中所涉及的所有方面。从节目中较为复杂的部分，比如开场和收尾，到更简单的任务，比如结束采访和切换到新闻环节。我甚至反复练习那些更简单的部分，直到真正熟练为止。我还熟悉了我将放置笔记的位置、电脑的位置、话筒的位置，以及我透过玻璃可以看到同事们的位置。

那个星期五，我进一步加了强准备。我确保尽早进入直播5台的演播室。几位非常有耐心的音响师帮我再次熟悉了节目中的各个环节。然后，时钟一点一点逼近节目开始的时刻。

别误会，我仍然觉得自己远没有达到熟练的程度。这很可怕，而且我的开场并不完美。不过还好，我挺过来了，因为尽管我很紧张，但我是在自己熟悉的环境中感到紧张。这一点帮到了我。

十年后，当我被派往德国，为2013年德国大选主持一场重要的电视直播辩论时，我回想起了这段经历。当时，整个场面令我望而生畏。这是一场高预算的制作。现场约有5台摄像机，其中一台安装在吊臂上，用来拍摄开场的全景镜头。我们在柏林的德国历史博物馆那宏伟的中庭里搭建了舞台，到场观众约100人。我几乎没做过如此高规格或制作成本如此高昂的节目。更何况这是现场直播，容不得半点失误。毫不夸张地说，我当时感到压力巨大。在柏林的那一周，我多年前在直播5台演播室里学到的经验派上了用场。

在那场直播辩论的前一天，我决定去现场练习一下。在工作人员搭建布景时，我就在现场修改我的稿子，同时还得注意不干扰他们的工作。待布景搭建完成后，我就在现场和制作人讨论了我们的计划。我开始在现场编写并排练我的稿子。我希望在那里尽量让自己感觉就像在演播室里一样。第二天，当那一时刻到来时，这种准备又一次帮到了我。我记得当导演倒数“三……二……一”时，我虽然很紧张，但仍在掌控之中。

无论是主持节目还是做重要发言，我几乎每次都会这样做。即便无法提前进入现场，我也会尽量了解那里的情况。几年前，我需要向公司的执行委员会做一次报告。我之前从未进过那间会议室，而在当天我也无法看到里面的情况，因为执委会成员当时正在闭门开会。不过在那几天里，我特意询问了会议流程和场地布局，甚至详细到我在发言时所坐的位置与屏幕之间的相对方位。

我并不是说你每次进行公开演讲都必须这样做，完全不是。你很可能在对场地一无所知的情况下，依然可以做出精彩的发挥。这仅仅是让自己自在的一种方法。我发现，我在这方面做得越多，我就越有可能更好地讲解。所有努力最终都会积累成一个有意义的结果。而你的穿着也是其中的一部分。

穿着舒适

别担心，你不会收到任何关于穿搭的建议。我知道自己的界限，在这一方面我不会越界。但值得注意的是，让自己感到舒适和自信的穿着，确实会影响你的表达效果。直到最近，在挑选工作服这方面，我几乎没什么自信。我意识到为此而焦虑不安正在让我分心。我在本该做准备的时候，却在纠结于穿什么，甚至在正式发言时，我还在为衣着而焦虑不安。对我而言，穿着舒适不仅是为了看起来得体大方，更是为了消除让自己分心的因素。

我非常在意这个问题，于是特地向一位名叫简·菲尔德（Jane Field）的出色造型师请教（这个决定让我此后一直偏爱深蓝色穿着）。

我明白，请造型师对你来说或许既不可行也无必要。我也确信你对穿着远比我在行。此处我唯一的建议是，在你可能遇到的不同场合中，先解决你该穿什么的问题。我有三四套适合一些常见场合的衣服，每次穿都觉得很满意。如此一来，在紧张时刻来临之前，我就不必再浪费时间去决定该穿什么。如果你不确定什么衣服最适合你，可以考虑向你认识的人寻求一些建议。

一切顺利的话，当你准备进行讲解时，你已经对讲解的环境感到自在，穿着也已经准备妥当。但还有一个小小的额外准备工作，我总是会做。

设计手部动作

每当我讲到这一点时，人们总是会不禁发笑，但相信我，设计手部动作非常有必要。就像我给出的其他建议一样，这不仅仅关乎你可以在讲解中添加什么内容，更重要的是，这有助于你消除干扰因素。相信我，如果你不知道自己的手应该放在哪里，它们可能会自行其是。

设计手部动作并不会花费太长时间。

我问自己的第一个问题是：有没有哪只手可能会不受控制。以我为例，我是右撇子，所以我通常用右手来做手势。如果我坐在桌子前，或者站在讲台上，我通常会把左手放在桌子上，保持不动。如果条件允许，抓着桌子之类的实物，是让你的手保持原位的一个好方法。如果我在做演示时使用遥控器，我会把它放在左手中，始终靠近身体，用右手做手势。如果我站在一群孩子面前，手边没有东西可以抓住，我可能会选择把双手合在身前。如果我去参加一场面试，我会把双手放在腿上，必要时用右手做手势进行强调。当我坐下时，我已经决定好该怎么做，这对我很有帮助。

这些手部动作并不是一成不变的。让我感到舒服的方式可能和让你感到舒服的方式大不相同。而且这也并非你在准备讲解时需要做出的关键决定。同样，我们可能都经历过这种情况：当我们看着某人讲话时，不禁心想："他们的手为什么一直在做这个动作？"这些动作可能会成为一种干扰。

我们还可以通过手部动作来添加标点。例如，如果你有三点要讲，可以先向右做手势，再向前，然后向左，来提示这些要点。你或许希望强调某些词语。如果你说的是"并且所有这些因素"，你可以用右手在身体前方挥动一下，表示这些因素的广度。如果你说的是"不过，等等，为什么这一点在这一刻如此重要？"，你可以把一只手稍微伸向听众，掌心朝向他们。

你不妨尝试几种方式，看看哪种感觉更自然舒服。但要避免过度使用，手部动作通常越简洁越好。如果用手部动作来强调显得过于刻意，会让人觉得不自然，而成为一种干扰。但如果使用得当，这会非常有效。

无论你觉得什么方式最有效，设计手部动作都有助于你在实际情境中更好地表现。

调整站姿

这一部分不会很长，但确实值得一讲。你的站姿不仅会显著影响你自身的舒适感，也会影响听众的感受。信息传达中许多最重要的方面都源于我们日常互动中的行为。诀窍在于：当我们身处那些似乎不寻常的环境中时，仍然保持本能的自然反应。

就站立而言，只需想一想你在聚会上或在办公室里与人交谈时的站姿。我猜你的双脚既不会完全朝向前方，也不会完全平行。我们通常只在需要表现得正式时才会这样站立。如果你的双脚完全平行并朝向前方，你可能不会像平时那样感到稳定或放松。如果你不确定我的意思，可以快速试一下。让双脚平行站立，体会一下那种感觉。然后，稍微让双脚自然地转开，就像你平常站立时那样。我敢打赌，你的双脚中有一只稍微在前，并且有一只脚比另一只更朝前。试着稍微屈膝，就像在感受自己的身体是否平衡一样。这样会比你更正式地双脚朝前站立感觉稳定得多。

同样的道理也适用于我们调整胸部的朝向。当我们与他人交谈时，我们很少会正对着对方。我们会自然地让身体略微偏向一侧。如果你在进行任何形式的公开演讲，这时不需要做出任何调整。顺从身体的本能反应，你和听众都会觉得更舒服。

我在做现场报道时一直使用这一技巧。当我准备出镜时，我会把镜头想象成一个人。我会让双脚和身体呈现出面对一个人时应有的姿态。我也会像与一个人交谈时那样做出手部动作。这能立刻让我的呈现方式，从更正式的风格，转变为更自然、更具吸引力的风格。

最后一点：移动。多年里，我在主持节目时一直使用一块巨大的触控屏。这块屏幕太大了，要使用某些功能，我得走到屏幕前。学会这样做给了我一个重要的启示，即移动是可以的，但你需要知道自己想停在什么位置。

问题从来不在于移动本身，而在于你不知道自己想移动到哪里，或准备回到哪里。如果你在台上漫无目的地游走，这可能会传达出你缺乏自信心或目的性。如果你看起来确切知道自己为什么移动以及想移动到哪里，那么这种移动完全没有坏处，反而在很多情况下可以增添目的性。无论你在哪里演讲，如果有可移动的空间，提前考虑好自己从哪里开始移动、想移动到哪里会很有帮助。我们要避免的情况是移动到一个“无人区”——你发现自己“漂”到了舞台或房间的中央，却不太清楚自己为何以或如何会出现在那里。你会注意到这一点，而这可能会影响你的呈现效果。听众也会注意到这一点，而一旦他们察觉到你缺乏自信，这可能会让他们对你所讲的内容产生怀疑。

即使你站在一群人面前，并且大部分时间都会保持在同一个位置，适当的移动也是可以的。你不需要给人留下像雕像一样一动不动的印象。让自己像在与人交谈时那样稍微移动一下双脚和身体。

与“传达呈现”这一步的诸多方面一样，关键不在于找到一种正确的做法，而在于你决定要怎么做，并对自己的规划有清晰的认识。

我们现在已经进入讲解呈现准备工作的最后阶段，只剩下最后一个环节。这一环节将把所有准备工作串联起来。

排练的重要性

抛开时间上的限制不谈，排练所带来的益处几乎是无穷的。只要排练得足够多，你终将达到这样一种状态：你的讲解清晰而高效，话语挥洒自如，说出来既熟悉又舒服。这是一种非常好的状态，而排练能让你达到这一状态。

以下是一份排练清单：

- 依次排练各个部分。

- 完整地排练整个讲解。
- 如果有你不满意的地方，就回去再修改一下。
- 你是否游刃有余地将讲解控制在限定时长之内?
- 尽可能地模拟出你即将进行发言的情境。包括你可能需要走到某个位置或者坐在桌子后面的样子。(你可能会觉得这样做很傻，但不要让这种感觉阻碍你。这样做确实很有帮助。)
- 你是否想录音?(你不一定每次都想录音，但对于那些相当重要的讲解，录音有助于你发现一些可以改进的方面。)

快速检查:

- 对于讲解内容或讲解方式，你还有哪方面不太确定吗?
- 你是否已经排练过你想要达成的讲解效果?

你已经完成了这7个步骤

这是一个充满成就感的时刻。为了走到这一步，我们已经付出了很多努力。作为回报，我希望你已经做好了充分准备，呈现一场精彩的讲解。

对我来说，将细致打磨的讲解技巧，与理解我们为何要这样做的更深层目的联系起来，一直都很重要。在这7个步骤中，你需要思考信息传达的多个不同方面。对有些方面的思考会变得自然而然，而有些方面你仍需按部就班地进行思考。对我而言，当我意识到这项工作能从根本上影响我的信息传达方式时，我就不会将其视为一项可有可无的额外任务。或者反过来说，一旦你意识到自己所有妨碍信息传达的行为，你就很难再对其视而不见。如果你发现自己说出来或写出来的东西无形中削弱了你的表达效果，我相信你一定会想办法解决这个问题。我自己也是。

如何做到这一点的详细方法，已写在你刚刚读过的内容中。但如果你需要快速回顾一下，以下是“七步法”的简化版本。

七步讲解法—快速参考

1. 设定框架
2. 收集信息
3. 提炼信息
4. 组织信息
5. 串联信息
6. 精简打磨
7. 传达呈现

一切就绪，祝你好运！

4

SEVEN-STEP DYNAMIC EXPLANATION

第四部分

七步动态讲解法

对清晰表达的追求有时会让人觉得像是在进行一项特别痛苦的健身训练。一遍又一遍地练习，却始终怀疑这种状态是否会有所改善。但只要坚持下去，最终你会发现，那些曾经遥不可及、令人不适的东西，会变得触手可及、令人愉悦。坦率地说，我在运动方面很少有那种实现突破的感觉，但在讲解方面，我确实体验过。曾经觉得到难以招架的，如今可以从容应对；曾经觉得无边无际的，如今可以尽在掌控。

这在可控的情境中已经够难了。当我们撰写讲解内容或准备口头讲解时，我们所传达的一切都在我们的掌控之中。我们可以决定自己要表达什么。但有很多情境是我们无法掌控的。实际上，大多数情境都是如此。因为每当我们与他人互动时，我们并不知道他们会说什么。我们无法决定他人会问什么问题、做出什么反应，或与我们互动到什么程度。这些多变的情境为我们带来了进一步的挑战。

在那些我们无法掌控的情境中，我们该如何让讲解依然做到精准、清晰、高效且有影响力？

为了做到这一点，我们需要运用我们已经探讨过的所有技巧——但我们还需要在此基础上添加另一套技能。因为我们越是观察和分析那些多变且不可控的情境，就越会发现，实际上我们可以掌控其中的许多方面。我最早意识到这一点是在2002年。

刚入职时，我参加了一场为期六小时的培训课程，名为“掌控你的连线表现”。“连线”是个广播术语，指的是主持人和记者讨论新闻事件。连线最基本的形式是，主持人说发生了某件事，然后请记者进一步介绍情况。这一场景你可能已经见过很多次。在观看时，你可能在想，“他们知道自己会被问到什么吗？”答案往往是“他们并不知道”。记者们会知道自己将被问到的新闻事件——但除此之外，他们会做好准备，应对接下来的提问。作为观众，我始终对这一点感到不可思议，尽管不知道具体问题，记者们似乎并没有因此而乱了阵脚。但很快，我就开始明白其中的原因了。

这场培训从记者的角度出发，探讨了连线的技巧。培训讲师先做了自我介绍，然后说：“今天我们将学习如何无论被问到什么问题，你都能说出你想说的话。”

“真的吗？”我心想，“这怎么可能？”在此之前，我曾上过几次电台节目，但总是觉得自己完全受制于主持人和他们提出的问题。考虑到这种经历是多么令人紧张不安，能够掌控自己所说的话，对我来说极具吸引力。尽管我对此持怀疑态度，但还是被这个想法所吸引。

在这场培训中，我们首先学习了如何组织我们想要传达的基本信息。然后我们学习了如何确保无论被问到什么问题，都能把这些信息传达出去。在这种情况下，培训旨在帮助我们应对两三分钟的电台采访。这对我来说是一项重要的技能，其应用范围甚至超出了新闻领域。

不仅如此，那场培训还给了我信心，让我相信自己在可控的情境中提炼和讲解复杂信息的方法，也能帮助我应对多变的情境。

在那场培训之后的几年里，我开始真正专注于如何在没有笔记、稿子或任何提示的情况下，组织和运用信息。起初，这是一个不断完善的过程。我注意到哪些做法有效、哪些无效，并不断改进自己的做法。

不用说，我尚未完全掌握这套技能，但我确实经历了无数不可预测的情况。在这些情况下，我知道自己需要长时间不借助笔记地谈论一个宏阔的话题。我找到了一些方法，使这一过程不再令我感到恐惧。或者，换个更积极的说法，当你对某个话题有着清晰的认识，并可以灵活运用各种技巧时，能够应对任何提问者，自信地给出清晰、详尽且吸引人的讲解，这种感觉会令你兴奋不已。

这种感觉或许有点像飞行——起飞和攀升阶段需要付出大量能量，伴随着强烈的噪声与颠簸，而一旦度过这一过程，便会进入更加平稳、可控的状态。

你或许能想到这样一些时刻：看着某位电视节目主持人或直播节目主播长时间滔滔不绝地谈论各种话题，心里不禁会想——他们是怎么做到的？我们每个人都有自己的技巧，而我即将与你分享的就是我能够做到这一点的关键。乍一看似乎不可能做到的事情，变得可以做到——甚至，我敢说，还能让你乐在其中。

接下来的内容旨在探讨我们如何在最具挑战性的情境中实现清晰、有效的讲解。

以下动态讲解法的7个步骤：

1. **设定框架**
2. **收集信息**
3. **提炼信息**
4. **组织信息**
5. **口头表达**
6. **强化记忆**
7. **应对提问**

第 1 ~ 3 步　准备信息

整个流程的初始阶段与之前的七步法完全相同，此处不再赘述，因为你可以轻松回顾相关内容（见第097至117页）。

与七步法的前一个版本一样，完成这三步之后，你将有一份关键信息清单。与之前一样，在这个阶段，这些信息将不会以任何特定的方式组织起来。我们接下来会进行组织。不过，我们要比之前更加严格。

第4步　组织信息

在这套流程中的这一环节，我们第一次真正发现，处理“可控”讲解和“动态”讲解的方法存在差异。对于前者，我们可以将大量信息放在每条线索中，但对于后者，我们必须将每条线索简化。原因很简单：如果你在准备演讲稿或写论文，可以从容不迫地将所有元素整合起来；但如果你在口头回答问题，则必须当场构建回答内容。你的建构模块需要简单、易记且可用。为此，我会将每条线索中包含的信息数量限制在5条以内。

根据你所处理话题的大小，你可能需要准备3条线索，也可能需要准备30条，准备时间可能是几分钟，也可能是几天——无论怎样，对于话题的每个不同部分，我们尽量将元素数量控制在5个以内。超过5个你就很难记住，而同样重要的是，在关键时刻你也很难调取。如果你觉得确实有必要使用5个以上的元素，可以考虑将这条线索拆分成两部分。

以下是我惯常采用的起始结构：

线索A	线索B	线索C	线索D
要点	要点	要点	要点
事实	事实	事实	事实
事实	事实	事实	事实
事实	事实	事实	事实
背景	背景	背景	背景

在每条线索中，我都希望完全明确将这些信息归类在一起的目的。如果我要把这些信息大声说出来，我试图达到什么目的？这样做的唯一目的是什么？有时候，这个目的会非常明显；有时候，你则需要仔细思考。无论如何，在继续之前，你必须对这个目的有清晰的认识。当你试图实时整合这些信息时，这种明确的目的性会为你带来回报。

在“要点”下面，你需要提供一些与之相关的事实。你还需要提供一些相应的背景信息。正如我们之前已经探讨过的那样，如果缺乏背景信息，你所传达的核心信息就会失去很多意义和冲击力。在可能的情况下，添加一条背景信息。

以下是一个简单的示例，适用于求职面试的情境。

- **线索**：组织大型活动
- **要点**：对于不同国家、不同类型的活动拥有丰富的经验
- **事实**：负责组织过一场有2000人参加的会议
- **事实**：负责预算、人员和营销方面的事务
- **事实**：在5个国家组织过自由职业活动
- **背景**：最近晋升为目前所在公司的活动负责人

看到这个示例之后，你可能会想：“我还有更多要说的。”这个示例仅供你参考。继续以这个例子来看，如果你正在应聘一份与活动组织密切相关的职位，那么这些“事实”本身就可以成为独立的线索。然而，如果面试可能会涉及一系列必要的经验，而活动组织只是其中很小的一个方面，那么你提供这些信息就足够了。这就是第2步之所以如此重要的原因。你的线索应该反映出你希望对方重点关注的方面。你对所需信息的评估将决定你如何组织已有的信息。

你不需要把所有要说的内容都写下来。以“事实1”中的会议为例，一旦你想起要提及这一点，如果时间允许，你自然能展开说。

在一些情况下，4条线索就足够了。在其他情况下，比如求职面试、员工问答、行业集会等，你可能希望准备更多的线索。如果你准备了很多线索，将它们分组也很有帮助，这样你就可以思考哪些线索密切相关。这会让你更轻松地从一条线索，过渡到与之相关的另一条线索。例如，如果你被问到“管理经验”方面的问题，你立刻就知道哪些线索可以帮助你回答这个问题。我们继续以求职面试为例：

管理经验	**营销策略**	**创新举措**	**销售业绩**
线索A	线索B	线索C	线索E
线索D	线索G	线索F	
	线索H	线索I	

现在，我们已经做好了准备工作。我们已经决定了要讲解什么，搜集了讲解所需的信息，对信息做了提炼，并将信息组织成了目的明确的线索，如有必要，我们还可以将这些线索整理成几组。这一过程需要付出大量努力，但这是值得的。在很多情况下，我们都需要调取并传达大量详细的信息。提前做好准备，可以大幅提高你出色完成讲解的可能性。

至少对我来说，真正的乐趣现在才刚刚开始。

快速检查：

- 你的信息线索是否界定清晰?
- 你对每条线索中的信息是否感到满意?

第5步　口头表达

在“可控”版的七步法中，口头表达出现在最后一步。在这个版本中，口头表达现在就要开始。因为在这套流程中，我们不是围绕信息进行撰写（或“串联”），而是尝试以即兴和口头的方式来调用这些信息。

在开始进行有助于我们熟悉所准备信息的“练习”之前，有必要先说明为什么口头表达对于此类讲解如此关键。

我们曾谈到过，让大脑和舌头熟悉自己将要说的话，有多么重要。对于事先准备好的演讲和演示来说，情况确实如此。对于动态讲解来说，这不仅重要，而且必不可少。如果你第一次尝试构建口头讲解是在正式场合中，那么根据我的经验，成功的可能性相当低。

我对此的通俗解释如下：在与他人或一群人的任何互动中，我的大脑都需要做一些事情，例如：明确他人对我有什么要求，思考我该如何回应，确定我要传达哪些信息以及如何传达，估算我有多少时间来做这件事，以及对方需要了解多少关于这个话题的细节。这实在让我的大脑忙得不可开交！

我可以通过提前完成一些计算，来大幅简化这一切。这样做可以让我事先花尽可能多的时间，认真思考该包含哪些信息，以及如何将它们有条理地串联起来。而且如果这些决定已经做出，我就有足够的“脑力空间”（姑且用这个不太专业的说法）来评估我所处的时刻以及我正在被问到的问题。

我把自己的大脑想象成一台个人电脑中的处理器。如果你在一台电脑上运行太多程序，它就会变慢，所有程序的运行效率都会降低。如果你关闭一些程序，其他程序的运行效率就会提高。同理，我越是让大脑充分熟悉我想要调用的信息，我就越能立刻做出更多决策。至少理论上是这样的！

做好这一点的关键在于口头表达。对我来说，这是成功构建口头讲解的关键因素。如果口头表达做得好且有条理，这可以提升我的讲解效果，远超我通过准备笔记和死记硬背所能达到的水平。这是我多次吸取的教训，尤其是在我被派去报道2017年荷兰大选的时候。

在位于海牙的荷兰议会旁边，有一个叫做“广场”（Het Plein）的广场。广场的一侧是议会建筑群，另一侧是咖啡馆的露天桌椅，每逢集市日，售卖图书、食品和衣服的摊位就会聚集在奥兰治亲王威廉一世的雕像周围。

2017年，我在这里度过了几天，报道选举活动和选举日的情况。在直播第一天的早上，我正在等待我的第一次“直播”到来。我已经做了大量准备，感觉一切就绪。但事实证明，并非如此。在与同事讨论竞选活动时，我的表达远没有达到应有的流畅和清晰程度。在制作人的帮助下，我本已经出色地组织好了所需的信息。在我的电脑上，准备工作看起来已经做得相当充分了。但我并没有把这些信息充分转化为口头表达，远远没有。

对我来说，就好像我的嘴和大脑需要习惯使用这些词语一样。在某种程度上，口头表达有助于围绕信息构建一个关联网络，并将词语和表述嵌入该网络中。口头表达可以让你所掌握的信息变得非常易于调用。

那天早上，还不算完全没救。我还有一点时间，于是我看着手机上的笔记，在广场上边走边自言自语。天知道，那天在集市上摆摊的商贩们看到我一边走一边念叨着联合政府的各种组合时，心里在想什么，但我并没有让觉得自己有点傻这种感觉妨碍我去做这件事。我会想起报道中的某条线索，然后试着对其做出讲解。一开始我做得很糟糕，这让我很担心，但几分钟后，我之前讲得磕磕绊绊的地方变得顺畅起来，而之前我难以讲明白的不同元素之间的关系，现在却能条理清晰地讲出来。

我也经常看到其他记者这样做。有时候，我会去唐宁街报道最新的政治动态。在那些日子里，那条街会变得相当拥挤，因为电视记者们会挤在一起，以便在拍摄时让那扇著名的黑门出现在他们肩后。一两个记者低声自言自语的场景早已不足为奇。

我们都以自己的方式意识到，如果首次开口恰逢关键时刻，无异于冒险。只有当你开口时，你才会真正明白：哪些表述有效，哪些要点管用，哪些观点你能运用自如，哪些名字你能脱口而出。我知道，要想充分利用所学的技能，我就得去实践一下。

为了帮助自己做到这一点，我设计了一系列“练习”。如果我没有笔记的话，我发现这些练习是必不可少的。但在我们开始练习之前，我想谈谈笔记本身。

在我担任主持人期间，我进行了数百乃至数千场“连线”。如果记者要来我的节目现场与我互动，大多数人要么没带笔记，要么只带了一页笔记。不过，有时经验不足的同事会带着满满几页的笔记前来。他们担心自己可能会忘记某个重要的细节。我完全理解这种心情——我自己也有几次带着厚厚一叠笔记上节目。即使我现在更有经验了，如果我要报道一个复杂的新闻事件，我仍可能会带上精心整理的一页笔记。而几乎每次的情况都是——我根本不会去看。

如果你想要确认某一特定的引述、统计数据或事实，笔记可能会很有用。在报道突发新闻时，记者们会频繁地查看笔记，这对他们本人和观众都有帮助。但在大多数情况下，比如课堂讨论、会议小组讨论、面试或见客户，笔记不太可能帮到你。因为你不可能一边低头查看笔记，一边根据被问到的问题寻找不同的信息，同时还要讲得有吸引力。至少我做不到，而且我见过很多人在试图这样做时都失败了。

如果和我一起上节目的记者或嘉宾可能会紧张，我会建议他们提前几分钟到场。我们就站在节目现场，聊聊这个新闻事件。这不仅可以让他们熟悉环境（正如我们之前所讨论的那样），还能让他们在谈各种话题时更加顺畅。在聊过之后，我总是建议他们不必过于依赖笔记，或者只挑出其中最重要的那一页留在桌子上。而且我会说："请继续像刚刚那样讲。"我这样做并不是因为不愿意提供支持，或者故意让他们经历一场新闻界的"炮火洗礼"。我之所以这样做，是因为我知道，没有那几页笔记，其实能让他们更轻松，而不是更吃力。如果不借助笔记，他们几乎肯定会讲得非常出色。如果借助笔记，他们就会低头查看，肯定会找不到自己想要讲的内容，并且会讲得磕磕绊绊。正如我们即将看到的那样，在准备口头讲解时，笔记确实很有用。但当真正开口时，笔记制造的问题可能比解决的还要多。

真正有帮助的是接下来的几项练习……

口头表达每条线索

你将通过逐步练习，逐渐熟悉自己已准备好的信息。而每一步都需要你大声说出来。

◎ 尝试讲解其中一条线索

想象有人就这条线索的主题，问了你一个开放式的问题。允许自己查看这些信息，尝试围绕这些信息来讲。这些信息的排列顺序是否合适？如果不合适，那就调整一下，然后再试一次。如果你对将两个元素衔接在一起的方式感到满意，请记住你所使用的表达方式或语言，并继续使用它们。如果某个衔接缺乏精准性和流畅性，尝试对其进行优化，再整体演练一遍。

在练习过程中，讲解整条线索可能只需不到一分钟，也可能需要稍长一点的时间。你在讲每条线索时都应做到精准有力、干货满满。我们关注的不是时长，而是质量。

对你的每一条线索都进行这样的练习。有些你可能很快就能掌握，而另一些则需要时间。你可能会发现自己缺少一些信息，在这种情况下，请回到你最初整理的提炼元素清单，看看是否可以填补这一空缺。在整个过程中，都要留意你所讲的内容，确保它确实支撑了你为每条线索所选定的“要点”。

在很多情况下，你只需练习3~5条线索，这种练习不会花费太长时间。这可以作为例行会议或谈话前的绝佳准备，在这些情境中，你不需要传达大量信息，但仍希望表达得恰到好处。在需要传达更多信息的情况下，这些线索往往是你会反复谈及的话题。如果是在求职面试的情境中，你可能需要不止一次讲解自己的业绩、技能和想法。如果是关于你参与的一项重要工作，你可能会一次又一次地用到这些讲解。在50 : 50计划的早期阶段，我做了大量工作来完善动态情境中的讲解。从那以后，我和同事们已经使用了数百次这些讲解。这一过程所带来的清晰与流畅，终将为你带来回报。

◎ **连接两条线索**

接下来，任选两条线索，从一条线索讲到另一条线索。思考如何自然地从一条线索过渡到另一条线索。再次强调，如果你做得好，就在心里记下来。如果你做得不够理想，就想一想如何改进。我们的目标是让自己的表达听起来既专注、有内容，又自然流畅、富有交流感。

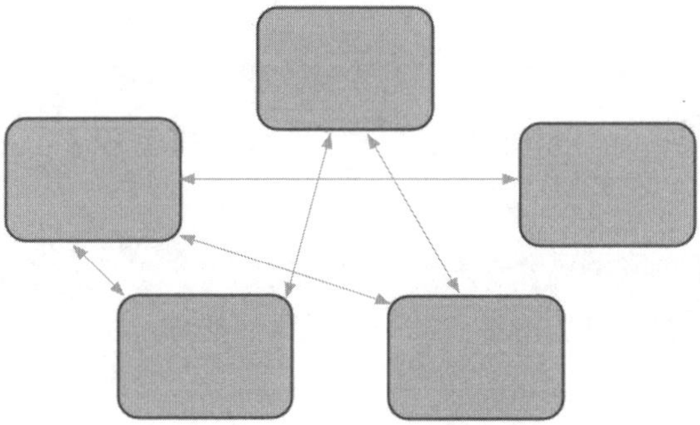

练习以不同的组合形式在各条线索之间进行过渡。

不断挑选不同的线索，从一条线索讲到另一条线索。有时，两条线索可能互为补充，有时，可能毫无关联。对于后者，琢磨一下，如何既能从一条线索过渡到另一条线索，又能保持你在讲每条线索时的流畅性。

我们如何从一部分事先准备好的信息过渡到另一部分，对于呈现动态讲解至关重要。你无法对此进行太多的练习。而你成功的关键将取决于你能否熟练运用一系列过渡语。

◎ **过渡语**

前文，我们探讨了“衔接语”，它可以在可控的讲解中让你从一个元素过渡到另一个元素。由于所有元素的呈现顺序由你自行决定，因而你可以针对各个元素设计衔接语。

对于动态讲解来说，我们不知道自己会按什么顺序来使用这些线索。因此，从A到B或从C到A的顺畅过渡，对于实时构建讲解内容非常重要。“过渡语”与衔接语具有相同的功能，但前者更为通用。虽然过渡语并不包含任何特定的内容，但可以让我们在各条线索之间轻松转换。以下是我偏好使用的一些过渡语：

- 这是我想着重强调的一个方面，另一个方面是……
- 不过，这个问题还有不止一个方面需要考虑。另一个方面是……
- 我想强调的另外一点是……
- 尽管这一点很重要，但……同样很重要。
- 这还与……有关。
- 基于这一点，我们还可以进一步探讨……
- 这不仅仅是一个层面的问题。另一个层面是……
- 但要理解这个问题，我们不能只看这一个方面，还需要看……
- 而这又引出了……
- 如果X是其中一个方面，那么Y则是另一个方面……
- 不过，我们可以从不同角度来解释这一点。其中一个是……

正如你可能已经注意到的那样，我非常喜欢使用过渡语。以上只是其中一些，还有很多其他的过渡语。你也会想出你自己的过渡语。它们都以不同的方式提示你讲解的某个方面已经结束，然后引导你过渡到下一个方面。

当你从一条线索讲到另一条线索时，尝试使用一些过渡语。练习时，你可以查看你的笔记和过渡语清单。此阶段旨在提升表达的流畅性。你练习得越多，你的表达就会越流畅。不仅如此，你练习得越多，到了你真正需要想起这些过渡语时也会越轻松。

不过，在真正开口的时候，还有一种技巧可以帮助你挑选出最合适的信息。

争取时间

如果我们想要在复杂多变、难以预料的情境中成功地讲解，就需要时间来思考。

在你已经清楚自己要讲哪些线索的情况下，无论是借助笔记，还是全凭记忆，你都会表现得非常出色。然而在这里，我们并不知道他人会问我们什么问题，而且似乎根本没有时间来组织好自己想说的话。

在这种情况下，争取时间来组织自己的思路可能并不现实。但在互动中存在着一些我们可以充分利用的空档。

一方面，这关乎清楚空档在哪里，并有信心加以利用；另一方面，这关乎主动为自己争取空档。如果在最关键、最紧迫的互动中，你能成功为自己的思考争取到空档，往往会带来意想不到的强大效果。这感觉就像是以完全不同的规则玩游戏。有了更多的时间，我们就能更好地决定如何回应他人所说的话。我们可以令人信服地将对方的问题与我们想表达的内容精准对接。这对你表达时所展现的自信、沉着以及清晰性的影响，怎么强调都不过分。

我之所以意识到“时间”是实现动态讲解的关键，最初是受假期读到的一本书中的一小段文字启发。

马修·赛义德（Matthew Syed）的《天才假象》（*Bounce*）出版于2010年，我想我是在那年夏天或之后的某年夏天读的这本书。这是一本关于体育成功与竞技表现的书，探讨了天赋在其中发挥了多大作用。（马修的观点是，"天赋"的重要性常常被夸大了，实际上，目的明确的练习才是更为重要的因素。）

翻看几页之后，书中的一段内容对我触动极大，至今仍令我记忆犹新。这段内容开始于马修讲述的一场宣传活动，众多人士受邀与前温布尔登网球锦标赛冠军迈克尔·施蒂希（Michael Stich）打一会儿网球。下面，我们来看一看马修所讲的这个故事。请记住，在成为一名成功的作家之前，马修曾是一名职业乒乓球运动员。

我让施蒂希以最高速度发球。他是这项运动历史上发球速度最快的选手之一——其个人最快纪录为每小时215千米——我很好奇，以我二十年在国际乒乓球赛场上练就的反应能力，是否足以接下这一球。

施蒂希同意了。他离开去热身，然后回来。

施蒂希将球高高抛向空中，弓起背，然后仿佛一阵旋风般，迅速进入发球动作。就在我看到球拍击中球的那一瞬间，球以极快的速度从我右耳旁呼啸而过，快得就像风在耳边炸响一般。我刚开始转头，球就已经重重地砸在了我身后那道柔软的绿色幕布上，发出一声闷响。

马修的乒乓球经验并没有起到任何帮助。

为了弄明白这一点，他拜访了利物浦约翰·摩尔大学（Liverpool

John Moores University）的一位学者，马克·威廉姆斯（Mark Williams）教授。我们了解到职业网球运动员会通过观察对手的身体来判断其发球（而我一直盯着球拍看，想必这就是我出错的开始……）。威廉姆斯教授解释道：

这不仅仅是知道看哪里的问题，还涉及理解你所看到之物的含义。这关乎观察细微的动作模式和姿势线索，并从中提取信息。顶尖网球运动员会进行少量的视觉定点观察，并将关键信息进行"组块化"处理。

换言之，专业选手知道该收集哪些信息，并且知道如何利用这些信息。这为他们带来了显著的优势。

接下来的那部分内容，随着时间的推移，逐渐改变了我对于讲解的看法。马修引述了加拿大麦克马斯特大学（McMaster University）运动生理学荣休教授珍妮特·斯塔克斯（Janet Starkes）的话，她说：

利用提前获得的信息会带来时间悖论，即技术高超的选手似乎永远时间充裕。识别熟悉场景，并将感知信息进行组块化处理，以形成有意义的整体和模式，能够加快处理速度。

我非常喜欢这些科学解释。我一直以来都热衷于体育运动，既参与其中也观看比赛，并且常常想知道为什么有些运动员似乎总是时间更加充裕。我也很认可"识别熟悉场景"的重要性，以及它能如何提升我们的反应速度。这一切都对我产生了巨大的影响——不过我得承认，当时我几乎完全是从体育领域的卓越表现（或者就我个人而言，是缺乏卓越表现）来理解这些观点的。

那是2010年——就在我开始在电视上定期亮相前后。在随后的几年里，我遇到过许多不同的场合，需要在不借助笔记的情况下，清晰且有说服力地进行讲解，而且往往要应对类似施蒂希的发球那样令我措手不及的语言挑战。

我发现书中这个故事与讲解的关联无处不在——从以更宏阔的视角来理解我们如何为大脑创造决策的时间和空间，到我们如何在身处动态情境时提前组织和掌握信息，甚至到“组块化”个词的使用。

不过，当时我并不理解记忆、“组块化”知识和时间这几个概念是如何如此有力地与信息传达及讲解关联在一起的。但在随后的几年里，我开始理解了这种关联。就像顶级网球运动员既能通过解读对手发球来为自己争取时间，又能因为训练有素而对发球做出正确的反应一样，在交谈中，我们也能察觉到对方的意图，从而为自己留出时间来思考如何回应，并准备好在那一刻提供恰当的信息。

我对时间的探究使我走到了动态讲解法的最后两步。在第6步中，我们将探讨如何记忆信息，以及如何最有效地运用所记住的信息。在第7步中，我们将探讨如何预测我们可能会被问到的问题，并在那一刻评估我们需要提供哪些信息，以及如何最有效地讲解这些信息。

如果一切顺利，这两步将为我们提供足够的空档，让我们尽可能清晰地思考。

快速检查：

- 你是否已将信息转换为口头语言，并练习到说起来自然流畅？
- 你能否在不同的信息线索之间自如地过渡？

第6步 强化记忆

几年前，我去姐姐家做客。我们都有年幼的孩子，家里到处都是玩具和其他与孩子有关的用品。我们坐在这些东西中间喝茶、聊天。一个玩具引起了我的注意。它有着红、蓝、绿、黄4种颜色的按钮。我立刻认出这是记忆游戏“西蒙”（*Simon*）。这个游戏的玩法是这样的：游戏开始时，其中一个按钮会闪烁，你按下它。然后那个按钮再次闪烁，接着另一个按钮也开始闪烁。你必须按照正确的顺序按下这两个按钮。之后，机器会闪烁三次，然后你再次按照顺序按下按钮。这个游戏的挑战在于看你能记住多少轮连续的闪烁。

我对这个游戏产生了浓厚的兴趣。一开始，我发现它很有难度。我也许只能记住十轮闪烁，再多就记不住了。后来，我注意到，随着我的大脑努力处理这项任务，它开始自动将闪烁的颜色分组。我会把“绿－黄－黄－绿”作为一个组块记住，然后把“红－蓝－黄－黄－绿”作为一组块记住。我有时不太理解为什么大脑会选择在某个特定的点结束一个组块，但我对此并没有过于纠结。这些组块让记住整个序列变得容易得多。只要我记住了某个组块的存在，我就绝不会忘记其中包含的颜色序列。

从姐姐家离开后，我在手机的应用商店里搜索“西蒙”，居然找到了。下载之后，我继续努力创造新纪录。随着我玩得越来越好，我注意到还有别的事情在发生。我已经开始把这些组块看成单独的整体，而不是单纯把它们当作一连串颜色。现在，我开始能够记住“组块中的组块”。我也会给每个单独的组块起一个名字（比如“双绿”“黄三明治”或者任何我想到的傻名字)，然后我会把它们全部作为一个单独的整体来记忆——“双绿”“黄三明治”和“一排蓝色”会组成“第一组块”。只要我记得有“第一组块”，那么记住里面所包含的组块的颜色序列就变得容易了，而且每个单独组块内的颜色也总是能想起来。我很好奇我的大脑里发生了什么。通过这种方式，我能够将最难的记忆任务“存档”，然后集中精力去记住机器接下来给出的最新颜色。

在重新发现“西蒙”之后不久，我被派去报道2015年的希腊债务危机。我在关于“复杂信息”一节中已经提到过这件事。那次任务相当具有挑战性。那是一个错综复杂且变化迅速的新闻事件。在我待在那里的十多天里，这个话题几乎一直是头条新闻。这意味着我需要频繁出镜报道。正如我之前提到的那样，有太多事情在发生，我根本无法事先知道每一场现场报道中自己会被问到什么。而且这也是我第一次为电视新闻节目报道如此重大的事件。虽然我曾在广播中做过很多次这样的报道，但广播有一大优势，即你在讲解新闻事件时不需要看着听众。如果你觉得有必要，可以在面前放一台电脑或一张纸，上面写着你想要传达的所有信息和主题。但在电视上就做不到。如果你想查看一下事实或引语，偶尔低头看一眼是可以的，但大多数时候你需要“直视镜头”。换言之，你所说的绝大部分内容都是脱口而出的。而当我要报道欧洲央行最新的政策变动时，这就颇具挑战了。

我开始尝试各种方法，不只是为了掌控我需要参考的所有信息，还为了能在极短的时间内将其回想起来。我开始思考我的大脑是如何帮助我玩“西蒙”游戏的。尽管威廉姆斯教授在马修的书中使用了“组块化”一词，但当时的我并不太理解这个概念。后来我发现，当我玩“西蒙”游戏时，我所做的其实就是组块化处理。我会将信息集中到一个组块中，然后记住那个作为一个整体的组块，而非其中的所有元素。我开始尝试采用类似的策略，来处理我想要表达的关于希腊局势的内容。令我兴奋的是，这种方法奏效了。这使得我在雅典那十几天的工作变得轻松得多。

回到家后，我迫不及待地想要进一步了解记忆技巧如何能帮助我。我尤其希望探究如何在不同的时间更好地调取不同的组块，以及如何决定它们的排列顺序。因为玩“西蒙”游戏和我在雅典需要做的事情是有区别的。在“西蒙”游戏中，顺序是固定的；而在动态讲解中，顺序却不是固定的。我的情况不只是线性记忆的问题，还涉及我所说的“调取”和“快速排序”。为了在动态情境中清晰地做出讲解，你需要能够非常轻松地调取事先准备好的信息组块，并根据你被问到的问题对它们进行排序。

正如我在之后的几年里所意识到的那样，这不仅在报道重大新闻事件时有用，在很多其他场合也大有助益。能够凭记忆调取并组织相互关联的信息，是一项极其宝贵的技能。我在日常交流中经常使用这项技能，比如工作会议、与孩子老师的沟通、向维修工简要说明情况，以及公开演讲、问答环节、更正式的会议或推介等场合。你一定能想到生活中那些情境：你需要把信息组织好以备随时调用，但又不能将其写在面前。

如果你能掌握这项技能，就可以获得显著的优势。这能让你顺畅且精准地处理各种细节丰富的信息——即便身处动态情境中。

对我而言，记忆顺畅的时候，信息仿佛以某种形状浮现在自己眼前。这些信息仿佛变成了一堆积木，我可以根据需要，将它们按照顺序组合在一起。我仍然需要决定用这些积木做什么，但积木本身就在那里，随时待用。

自雅典那次经历以来，这些年我一直在努力打磨这项技能。以下就是我目前所领悟出的技巧。

记忆技巧

在利用记忆辅助信息传达时，并没有适用于所有情境的方法。就像讲解一样，你选择哪种方法需要与你所面对的情境相匹配。但对我而言，组块化是我运用所有记忆技巧的核心。

最基本的组块化形式是识别一组信息，了解其顺序，然后在脑海中将其标记为一个整体。组块化的下一个层级是将这些组块本身进行排序，然后将其作为一个整体来记住。这基本上就是我在玩“西蒙”游戏时所做的事情，但当时我并没有意识到这一点。

为了充分利用组块化，我们需要回到第5步中的练习。我们为每条线索准备的信息就是一个单独的组块。在谈到记忆时，我实际上是将“线索”和“组块”这两个词作为同义词来交替使用。

上一次我们进行这些练习时，借助了笔记。很快，我们就可以把笔记收起来了。

◎ 第1层级：从记忆中调取单条线索

这一层级与下一层级的方法适用于短暂的会面或对话，在此类情境中，你只需确保将特定信息传达清楚。

我们需要开始测试在不借助笔记的情况下，自己能否对每条线索脱口而出。如果你在第5步中做了大量练习，你可能会有一个惊喜。有时候，不再依赖笔记，就好比孩子从滑步车过渡到脚踏车——他们往往一上来就能骑得很好。你可能会发现，自己能够毫不费力地在没有笔记的情况下，顺畅地讲解每条线索。

你想要收入的事实、要点、背景信息和问题，其总量会因情境而异。每个组块所包含的元素不宜超过4个。如果包含的元素太多，你就很难记住它们。

让我们假设你的线索是这样的：

线索A	线索B	线索C
事实	事实	事实
事实	事实	事实
要点	要点	要点
背景	背景	问题

一开始要避免像讲给他人听那样逐一讲解这些元素，而要像列清单一样将它们列出来。逐一列出每个元素，看看自己能否把已经掌握的信息脱口而出。如果可以的话，再来一遍，不过这次试着用正常的说话方式把它们串联起来。

◎ 第2层级：从记忆中调取两条线索

这与你在第5步中借助笔记所做的练习完全相同。这次，挑选两组互为补充的线索，如果需要的话，可以查看笔记，然后将笔记放在一边，从一条线索讲到另一条线索。如果进行得顺利，看看自己能否以相反的顺序来一遍。后面这一步很重要。我们不仅要掌握如何复述每条单独的线索，还要掌握它们是如何相互配合的。

继续挑选成对的线索。要以非常严格的标准来要求自己。如果你在处理信息时觉得自己含糊其词、犹豫不决，那就重来一遍。你会留意到自己之前添加的多余词语开始消失。你处理信息的效率会有所提升。一开始感觉别扭的表达，最终会变得顺畅而清晰。

当你觉得准备好了，就把这些线索的名称写在纸片上，从纸片堆中任选两张。就像之前那样，看看自己能否从一条线索讲到另一条线索。

◎ 第3层级：从记忆中调取多条线索

这一层级的方法适用于持续时间较长的会面、会议、面试，以及各种形式的对话。

如果你有少于5条线索（你也可以称之为“组块”），那就确定一个顺序，然后试着从头到尾讲一遍。

不必拘泥于这个顺序。你可能不得不换个顺序来展开讨论。

接下来，再次讲解这5条线索，每次选择不同的起点。看看自己能否从任意一个起点回到你所偏好的顺序。

如果一切顺利，你就会开始自信地将各条线索衔接起来。我们希望你所做的一切——无论是讲解各条线索、在线索之间过渡，还是改变它们的顺序——都能让你感到熟悉。

如果你有远不止5条线索要讲，也可以采用这种方法。

这就是我在很多报道中所使用的方法。在任何需要调取大量复杂多样信息的动态情境中，这种方法都很有效。这种方法的应用场景可以是求职面试或大学入学面试、董事会会议、重要的员工会议、会议上的问答环节，或者与重要客户会面。

在这些情境中，你需要处理相当多的信息，因此还有一些额外的考虑因素。

你将有更多的组块——也许在10~20个之间。要有意识地避免让每个组块包含过多信息，否则你将无法记住所有元素。最好将一条线索拆分成两个组块，并分别为它们命名。

思考一下这些组块在你回答不同问题时，是如何组合在一起的。对于一个话题，你可能只想使用两三个组块，而对于另一个话题，你可能需要使用另外三四个组块。如果你想练习，可以写下你预计他人会问到的问题。随机挑选一些问题，看看自己已经安排好的组块顺序在大声说出来时效果如何。

可以灵活调整组块顺序，别太僵化，因为回答每个问题时可能都需要不同的开头、中间和结尾。但是拥有各种熟悉的排序模式非常有用。写到这里时，我想起了在布鲁塞尔举行的欧盟峰会，当时我已经做过很多次这样的练习。每当问题向我抛来时，我仿佛在把这些组块放到传送带上一样。当我要回答问题时，我能看到自己将要说的内容，以及紧随其后要说的内容，然后一个组块接着一个组块，自然而然地给出我的回答。

不过，流程中的这一部分确实有难度。当你尝试练习回答不同的问题时，你也在摸索新的顺序。如果效果不理想，这是完全正常的——通常第一次很少能达到预期效果。但你会逐渐摸索出适合自己的顺序，并能够顺畅地传达出来。

在这方面投入多少时间并没有上限。你练习得越多，就越容易记住要说的内容，传达起来也会越精准。不要一觉得可以应付了就马上停下来。如果时间允许，就继续练习，直到你可以自然圆熟地组织并讲解这些组块为止。只有到那时候，你才真正准备好利用记忆来调整你的信息传达方式。

我要补充一点，如果你是为了完成某项重大任务而这样做，那么你可能需要几天甚至几周时间才能做好。这绝不是一蹴而就的事。

所有这些考虑因素都让你处于非常有利的位置。仅仅一个组块就能构成一个详尽且全面的回答。将一系列组块整合在一起，你传达信息的方式将结构清晰、有冲击力，同时细节丰富。

我最多只能做到第3层级。不过，其实还有更高阶的技巧可以帮助你记住想要表达的内容，而且有些人在这方面远胜于我。接下来，我要请出真正的专家……

◎ 第4层级：应对长而复杂的讲解

你需要进行此类讲解的时刻，或许比前面提到的那些情形要少，但这些时刻也可能产生重大影响。也许你在准备大学入学考试或大学期末考试，也许你想脱稿做一场主题演讲，也许你只是需要掌握一个庞大而全新的主题，以应对各种各样的情境。

多米尼克·奥布莱恩（Dominic O’Brien）是8次世界记忆锦标赛的冠军，他写过几本书，探讨了记忆技巧所能产生的影响。他认为改进我们记忆信息的方式“揭示了学习过程的本质”。他表示，这是通过“增强你的工作记忆容量”来实现的。

我请多米尼克进一步解释这个说法是什么意思。

“你的短期记忆只能容纳4~6比特的信息。如果你去参加聚会，当他人向你介绍四五个名字之后，你可能就记不住了。但如果你利用自己的工作记忆，你就会把这些名字拆分成音节，并建立相关联想以辅助记忆。”

“你的工作记忆会利用你刚刚接收到的信息，然后用你长期记忆中的信息（比如你去过的地方）来对其进行处理。”

这是关键所在。我们每个人都有一些完全固定下来的记忆，几乎不可能会忘记。如果我让你描述一下你家的样子，你每次都会准确无误地描述其布局。这就是长期记忆。记忆专家主张，我们应当利用这种稳定、零偏差的长期记忆，来增强信息的调取与回忆能力。

多米尼克还引用了另一位工作记忆专家特蕾西·阿洛韦（Tracy Alloway）博士的说法，把工作记忆描述为一张桌子。有些人的桌上只有一小块区域可以用来摆放记忆，但我们可以将这块区域扩大。这与我在尝试各种记忆技巧时的体会相符。随着我学习如何存储信息，我能感受到自己的记忆容量在提升。

多米尼克如今为影视演员、首席执行官、首席财务官以及喜剧演员等各类人士提供指导，以帮助他们提升在压力情境下储存与调取信息的能力。以下是他教授的三种主要方法：

第一种是“串联法”（也有人称之为“故事法”）。这种方法适用于你需要涉及几个主题的情况，你可以编一个故事——无论多么天马行空——按顺序把这些主题串联起来。你把这个故事向自己复述几遍，这个故事就变成了一个可以回忆的整体。当你复述时，各个主题按照你需要的顺序浮现在你的脑海中。多米尼克表示，这种方法对于处理较小的记忆任务效果最好，而且这与我在电视上的做法不谋而合。我总是在寻找那个有助于从一个主题领域，过渡到另一个主题领域的“关联点”。

就新闻报道而言，这个关联点可能自然而然地成为我试图讲述的故事的一部分。但有时并没有明显的关联点。或者，你可能有好几个互不相关的主题。

在这种情况下，多米尼克建议利用故事来帮助解决这个问题。我现在我也试过了，可以肯定这一方法非常有效。这不仅使记忆变得更加容易，也使压力减轻了很多。你忘记故事的可能性非常低。原本困难且不可靠的记忆过程，突然变得轻松而确定了。

以上就是故事法。但如果你需要记住大量更复杂的信息，多米尼克会向你推荐他赢得所有头衔所采用的方法："旅程法"。

这也是一个非常巧妙的想法。在这种方法中，你选择自己已经熟悉的路线，并将你想要记住的内容与这条路线联系起来。同时，在这条路线上的不同地点，你还可以把信息与这些地点的具体特征联系起来。

例如，假设你非常熟悉本地的公园。你规划的路线从入口处开始，经过你喜欢坐的长椅，然后到你带孩子去的游乐场，再到你打球的网球场以及售卖冰激凌的地方。这五个地点可以是你想要讲的五条主题线索。接着，假设在公园的入口处，你可以看到一个指示牌、一个锁自行车的地方、一棵大树，以及一个垃圾桶。它们中的每一个都能与你想要讲的那条线索中的具体信息关联起来。

不知不觉间，你就记住了大量信息，而且完全基于你已有的、极为可靠的记忆。如果你对这种方法的效果还有所怀疑，那么看看多米尼克——他经常运用旅程法记住成千上万条信息。

但我对此有一个疑问。这种方法显然非常适合记忆事先准备好的信息——一场演讲、一幕戏剧、一场演示、一篇论文。但如果我不知道需按照什么顺序来调取我已经准备好的信息呢？

多米尼克说：“这时你就要用到记忆宫殿法了。”

“记忆宫殿”这个奇妙的说法描述的是最先进的记忆技巧。如果你喜欢看电视剧《神探夏洛克》(*Sherlock*)，你可能已经对这个概念有所了解——不过实际上，“记忆宫殿”这一概念可以追溯到几个世纪以前。以下是其工作原理。

与旅程法一样，你依然需从一个熟悉的地点开始。但这一次，我们不是专注于沿着熟悉的路线展开旅程，而是设想一个地点。这个地点可以是任何地方，这里我以自己的房子为例。

我把每个房间都与我准备好的一条信息线索关联起来。如果我在讲世界贸易，也许我的厨房是美国，客厅是中国，书房是欧盟，诸如此类。然后，就像运用旅程法那样，在每个房间里，我会将熟悉的装饰和家具与一条条信息关联起来。这些联想可能看起来有些可笑——比如，客厅里的留声机可能与中国出口创纪录的数据关联起来。多米尼克的建议是，无论多么荒诞，只要某种联想或关联对你有用，就可以采用。它们不需要对其他人有意义。

一旦你做到了这一点，你就可以在记忆宫殿里“游走”，选择进入其中的某个区域，并让你对每个地点的长期记忆触发你关联在那里的信息。能够做到这一点，直接关系到我们事先准备大量信息，并在需要时迅速调取的目标。

◎ 选择记忆技巧

在我偶然接触到“西蒙”游戏之后，开始琢磨记忆技巧的时候，我只把它们当作一种有趣的额外尝试。如今，这些技巧已成为我讲解过程中不可或缺的一部分。如果你辛苦组织并提炼了要说的内容，却想不起最佳表达方式，那就太可惜了。

多米尼克对我说："我曾经觉得自己很笨。如果连我都能8次成为世界记忆冠军，那么任何人都能做到。"他的意思是，记忆技巧对所有人都有帮助。这些技巧确实帮到了我。

如果在我准备讲解时，这些记忆技巧能够按计划发挥作用，我会想象自己有一个架子，上面摆放着各种信息组块。每个组块都是我事先准备好的一条线索。当有人向我提问时，我会抬头看向架子，心里想着："我该用这些组块中的哪一个？"根据我被问到的问题，我从架子上取下一个、两个或三个组块，按照那一刻最合适的顺序排列好，然后逐一讲解。

不过，要想做好这一点，我需要尽可能多的时间，来思考我应该从架子上取下什么。我已经对信息进行了组织和记忆，这有助于我做到这一点。我们也可以在对方提问过程中争取时间，正如在第7步中我们将看到的那样。

快速检查：

- 你清楚自己想要记住什么吗?
- 你决定好要用哪种记忆技巧了吗?
- 你练习过不借助笔记进行讲解吗?

第7步 应对提问

在动态情境中，他人的提问会极大地影响你如何做出讲解。提问是我们彼此交流中不可或缺的一部分。如果我们处于一个自己成为焦点的情境中——比如公司简报会、与客户会面、求职面试、会议小组讨论等——那么问题就会源源不断地抛过来。

在这些情境中，何时发言以及谈论什么话题并非由你决定。这可能会让你觉得自己无法掌控局面。在某种程度上，确实如此——就像费德勒无法掌控对手的发球一样。不过，他有很多方法来掌控自己回发球的方式。

讲解也是如此。如果讲解得当，问题并不会变得无关紧要（远非如此），但它们不再主导你说什么。你可以讲解你认为最相关的信息，同时将其与他人提出的问题相匹配。这对你和他们都有好处（网球类比到此结束，因为显然费德勒的回球对他的对手来说可不是什么好消息……）。

预判问题

通过主持数百场访谈，以及进行数百场演讲和现场问答，我最重要的领悟之一就是——总体而言，人和问题都是有迹可循、可以预判的。

我这样说并无冒犯之意。其实我们每个人都是可以预判的。我们的兴趣、关注点、说话方式、个性以及挂念之事，往往不会在短时间内发生太大变化。如果一个人以前就对某个话题感兴趣，那么当他下次再谈论这个话题时，他很可能会说出类似的话。我就是个活生生的例子。如果你在五个不同的场合听我谈论我的讲解视频，你肯定会听到我使用非常类似的讲解内容、说话方式、统计数据以及观点。

不仅如此。比如说，如果一些员工对你提出的某个想法有疑问，那么很可能另一些从事类似工作的员工也会有类似的疑问。或者，如果你观看一名政客、影星或商人在某天上午接受一系列采访，你会发现他们每次被问到的问题并不完全相同，但某些问题肯定会以不同的形式反复出现。

如果你是接受提问的一方，这对你来说是有利的。这让你大致能猜到对方可能会问什么。

1. 你可能会被问到哪些问题？

想一想你对即将面临的情境所了解的一切——可能涉及的话题、可能会提问的人及其可能感兴趣的方面——写下你认为自己可能会被问到的问题。

如果情境简单且时间较短，思考以上几点可能就够了。但如果情境更为严肃复杂，或需要对问题做出详尽而深入的回答，那就应当继续思考。

2. 你会问什么问题？

这是我最喜欢的预判方式之一。想象一下，假如你是提问的一方，你会问什么问题？如果你能尽可能地保持好奇心和探究欲，面对自己，你希望听到哪些信息？将这些问题添加到清单中。

3. 如果你想刁难自己，你会问什么问题？

如果你想让自己陷入难堪，你会问自己什么问题？你能想到的最刁钻的问题是什么？把它们添加到清单中。

4. 你不想被问到什么问题？

这与问题3有所不同。有时候，我会意识到自己在回避谈论某个话题，因为我还没有完全想好该如何清楚地表达自己的观点。也许我还没有找到恰当的表达方式，或者我没有掌握足够的信息来谈论这个话题。留意你的不适感！将这些问题添加到清单中。

5. 你可能会被问到哪些非核心但相关的问题？

你总有可能会被问到一些超出你所要探讨话题范围的问题。在我所从事的新闻工作中，这往往是指某个重大新闻事件中的一个我并未打算去了解的细枝末节。而此类问题是你确实不想被问到，但又可能会被问到的问题。如果你能想到一些此类问题，将其添加到清单中。

6. 你能了解到向你提问的人的哪些情况？

如果你愿意多花一些精力，这样做会非常有用。我们可以通过很多方式来了解即将遇到的人。如果你要与同事会面或接受他们的采访，你可以向其他同事询问有关他们的情况。他们关心什么、热衷什么？他们认为哪些问题最为重要？

如果你正在拜访一家公司或机构，你或许能够与那里的某个人交谈，从而了解他们对于你所谈论之事的看法。或者，网上可能有视频片段，可以让你看到你即将会面的人之前参与的讨论。看看自己能否从对方此前提出的问题或议题中找出某些规律。

也许你现在正被一位初级医生转诊去看一位资深专科医生。你不妨问问这位初级医生，那位专科医生的行医风格，以及他/她通常如何处理这种病情。又比如，在我撰写本书的时候，我的大女儿正在准备考试。她查阅了学校所用考试委员会历年的所有试卷，这让她对该考试委员会偏好的题型有了初步判断。

这一过程不可能做到无懈可击。你最终不会得到一份一定会被问到的问题清单。但你可以开始做出有根据的推测。

根据具体情况，至此，你已经列出了一份问题清单，可能只有几个问题，也可能有一长串问题。接下来，你需要将这份清单分成三个部分：

- 你认为自己可以回答的问题
- 你需要琢磨如何回答的问题
- 你需要补充新的信息才能回答的问题

规划你的回答

让我们从清单的第一部分，即你认为自己可以回答的问题开始。如果清单上的多个问题本质上都是关于同一话题的，那就选定一个，去掉其余。完成这一步之后，就该准备使用你的线索了。你已经准备好并掌握了这些线索。现在，我们要让它们派上用场。

在你开始尝试回答之前，有必要强调一下动态讲解的一个重要方面。此时，回答的长度并不重要。清单上的一些问题可能只需用简单的“是的”来回答。这可能就是你需要说的全部内容。而其他问题则可能需要一个多层面的回答，涉及你事先准备好的多条线索。关键在于你的回答要切题、有效且清晰。只有当你觉得自己的回答可能太长而没有足够的时间讲完时，回答的时长才重要。

面对清单上的第一个问题，你会使用哪些线索的组合来回答这个问题？给自己尽可能多的时间来做决定，然后尝试回答。如果感觉不错，那很好。如果你对内容感到满意，但表达不够流畅，那就反复试几次，直到感到顺口为止。如果你对内容不满意，你能从准备好的信息中使用哪些其他部分来补充？试着将它们加进去，重新回答。这里，我们有两个目标——信息要切合问题，同时你要自信地传达。达到这两个目标后，你就可以进入下一个问题了。如果觉得有帮助的话，就把用于回答这个问题的线索记下来。

接下来，你需要处理清单第二部分中的问题，即那些你不太确定该如何回答的问题。我希望清单中这一部分不会太长，因为你在第1~4步的工作中已经解决了自己不确定的方面。逐一审视这些问题。究竟是什么让你感到困难？是你不清楚自己想说什么？还是你不清楚该怎么说？试着先理清“说什么”，然后再着手解决“怎么说”。

想一想哪些信息线索能帮到你。你是否缺少一个能够把这些内容串联起来的过渡语？如果是的话，就尝试不同的过渡语，反复推敲，看看哪种最合适。虽然把这些内容大声说出来可能会让你感觉有点傻，但坚持下去，合适的过渡语很可能就会浮现出来。如果你一直在纠结，不妨向同事、朋友或家人请教。有时候，旁观者能帮你打开思路。如果你一时找不到可以请教的人，那就先放一放。你的大脑会在后台继续处理这个问题。等你隔天再回头看，说不定就豁然开朗了。

真正重要的是，不要对自己在这些问题上感到不安的事实视而不见。很早之前我们就谈到过，我们不能回避那些难以讲解的细节。对于难以回答的问题也是如此。我们之所以不能对其视而不见，有以下几个原因：第一，显然，如果你被问到这些问题，你希望自己能回答得很好。鉴于你已经被这些问题难住了，你不太可能很好地作出回答。第二，如果你意识到自己会很难回答某些问题，这种不安可能会影响你在整个回答过程中的信心。第三，你很可能不止这一次会被问到这些问题。正确回答这些问题既会加深你对这个话题的理解，也会提升你对其进行讲解的能力。从长远来看，这也将带来诸多益处。

就像你对清单第一部分所做的那样，练习每一个回答，直到你对内容、准确性和流畅度都感到满意为止。尤其要确保你对用来引导回答的表达方式感到满意。面对难以回答的问题，恰到好处的表达方式不仅能让讲解条理清晰，还能让你有信心去谈论这个话题。

最后，我们来处理清单第三部分中的问题，即需要补充更多信息才能回答的问题。至此，我们已经完成了识别最重要信息的过程。我假定我们没有遗漏任何明显的重要信息。虽然这部分中的问题有些偏离主题，但有人可能会问。我的经验法则是：**适度准备，点到为止。**我们无法为那些不太可能会被问到的问题准备详尽的回答，否则准备工作将永无止境！但我们可以尽量预判那些可能出现的不合理问题来自何处，并至少讲出一些东西。

假设我正在报道一则重大的政治新闻，比如说，里面涉及一名低级别官员的辞职，但这件事本身并没有什么重大影响。我可能会快速查一下这个人的名字、基本情况，以及是否有任何回应。我可能没法滔滔不绝地讲上几分钟，但如果有人问及，我可以迅速组织一个简短的回答，然后尽快转到其他话题上。

对于这类问题，你可以快速做个测试，看看自己能否就每个问题讲出一些东西——哪怕只有一点点。

到了这个阶段，你已胸有成竹，能够从容应对各种突如其来的问题和挑战，做出精彩的讲解。你已经掌握了所有自己精心组织和记忆的信息，并且在面对各种最有可能被问到的问题时，你已经能够熟练运用这些信息。对讲解内容和可能被问到的问题都已熟悉，意味着你在实战情境中会感觉更加从容不迫。

不过，为了最大限度地发挥你目前所做工作的价值，我们还需要在讲解中加入灵活性与即兴性。为此，我们仍然需要尽可能多地争取时间。

临场回答问题

通过提前做好所有这些准备，我们已经为自己争取了更多的时间。通过组织和记忆信息，我们的大脑就不必临场处理这些信息。通过练习回答这些问题，我们已经为如何回答做足了功课。正如一名学生复习了论文提纲后，在考试中遇到相关题目时会感到有把握一样，我们也能在预料到的问题出现时从容应对。

但这些问题或许不会——至少不会完全如我们所设想的那样。这可能会带来麻烦，我们有可能要么无法作答，要么答非所问。为了应对这些风险，我们需要回到下面这张图。你可能还记得它在前面出现过。

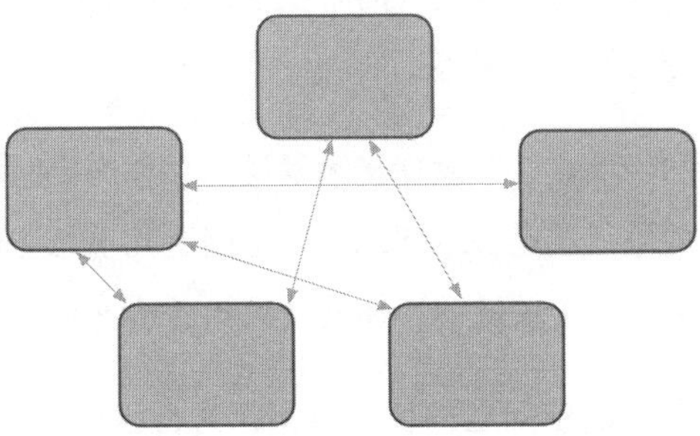

我们一直以来的目标是，能够从不同的切入点进入主题，并以不同的顺序展开讲解。现在，我们希望在此基础上更进一步：我们能否临场构建出针对所提问题的回答？毫无疑问，这比给出事先准备好的回答要难。但是由于你已经做了准备，这是有可能做到的。其中部分原因在于，当对方向你提问时，你可利用的时间比你想象中更多。

让我们设想一个面试场景和一个常见的问题。

“在这个新职位上，你将需要管理一个很大的团队。请告诉我们你在当前职位和以往担任过的任何职位上的管理经验，并以具体例子来说明你在判断力和领导力方面的表现？”

据我估算，陈述这个问题需要17秒。虽然这不像“谈谈你的管理经验”这类简单的提问，仅需不到两秒，但本质上并无区别。这就是我们可以找到空档的地方。

一旦我投入大量精力去预判可能会被问到的问题，我就会对这些问题是否即将出现变得格外敏感。对方一开口，我就开始寻找其中的蛛丝马迹。在这个例子中，“管理”这个词在3秒后出现。对方陈述问题花了17秒。这里有14秒可以让我思考自己的“架子”上都有哪些信息组块，并决定要按照什么顺序来讲解自己的线索。考虑到我已经事先思考过这个问题，在14秒内组织好回答是没问题的。对方说话时，我看着他们的眼睛，专心地听，同时也在组织我的回答。等那17秒过后，我就已经准备好开始回答了。

确定问题的切入点，关键在于触发词。在你细化问题清单时，我建议每个主题领域只选定一个问题。这个问题几乎总能用一两个词来概括。一旦你听到这个关键词，你就大致知道接下来要如何回答。

如果你能及早确定问题的切入点，就为自己争取了宝贵的时间。

你或许觉得10秒并不算多，但如果你能保持冷静并加以利用，这足以让你抢占先机。还不信？那么，不妨从你已准备过的主题中，列出一些你认为可能会被问到的问题。随便选一个，在看到问题后，先等10秒再作答。一开始，你可能无法充分利用这10秒。不过，只要坚持下去，你很快就会有信心利用好这段时间，进而带来显著的改变。

多年来的新闻主持经历让我学到了这一点。起初，我完全无法想象，除了用那10秒来准备念下一段稿子之外，还能用来做些什么。随着我在主持节目时越来越从容不迫，10秒的空档就成了一个机会——可以让我快速与编辑交流一下，或者调整下一句要说的话。

确定问题的切入点在讲解中，就如同在网球比赛中选择发球方式一样重要。如果你提前确定了问题的切入点，你就能事先知道需要准备什么。不过，我们还可以利用这段时间来做更多事情。

选择和说明结构

当你听问题时，你会思考要用哪条线索。

我常常将动态讲解比作钢琴上和弦的转位。你可以用C、E、G三个音符弹奏C大调和弦。或者以E作为最低音，然后是G和C。或者以G作为最低音，然后是C和E。这些转位听起来略有不同，但它们都是同一个和弦。我们也可以这样来看待讲解——我们想要传达的核心信息和内容每次的排列顺序可能会有所不同。

当你听一个问题时，你要在这几秒钟里识别出话题，并开始思考自己要说什么。有时，你可能对自己的回答非常有把握，因而可以毫无顾虑地直接开始回答。

不过，如果我觉得自己有可能在回答过程中跑题，我就会把自己所选择的结构说出来。这样做有两个好处：一是给我自己一个检查清单，二是提示听众我接下来要说什么。

让我们继续以面试情境为例：

“我认为就管理经验而言，我的职业生涯中有三个方面值得强调——我在X公司的任职经历、我在Y公司的任职经历，以及工作之外，我在Z机构作为志愿者的服务经历。”

X、Y和Z很可能就是线索。一旦开始讲述，我就会很有信心地展开，因为这些内容我已熟记于心。在回答时，先设定顺序，这样我就更有可能逐一讲出每条线索。你会发现善于传达信息的人总是这样做——这对他们和听众都有帮助。

另一种表达方式是：“我认为在看待这个问题时，我们需要考虑四个因素。第一……”即使你没有立刻说出这四个因素，也会更容易记住它们，并且听众也会欣赏你为讲解指明了结构和方向。这也体现出你对自己在这个问题上的看法很有信心，而这通常能吸引他人认真听你讲。

语言呼应

我总是提醒自己，不要答非所问。因此，即便我已经选定了要回答的内容，并且正在确定回答的结构，我依然会留意提问者所使用的字眼和措辞。还是以那个面试问题为例：

“在这个新职位上，你将需要管理一个很大的团队。请告诉我们你在当前职位和以往担任过的任何职位上的管理经验，并以具体例子来说明你在判断力和领导力方面的表现？”

在这种情况下，“当前职位”“以往职位”“判断力”以及“领导力”都被要求提及。我会有意识地在回答中使用这些词语，以确保与问题紧密呼应。

我准备好的与管理经验相关的各条线索现在都已经排列完毕。它们必然涵盖“当前职位”“以往职位”“领导力”以及“判断力”。我希望，对我在这方面经验的任何讲解都必须涉及这些内容。当我排列已准备好的各条线索时，我也在思考如何将问题中的语言与我的回答相结合。（这是一种在考试和面试中都极其有用的技巧。）

整合起来

我们来设想一下，如果呼应问题中的语言，回答可能会是怎样的。

“我曾在多个岗位上管理过团队。在我**当前的职位**上……”（然后我切入一条线索）

“我在**以往的工作**中也曾多次展现出**判断力**……”（然后我切入一条与自己以往工作相关的线索）

“我还想重点讲一讲我在……时所展现出的**领导力**……”（然后我切入一条与之相关职业经历的线索）

如果进展顺利，我们来回顾一下我们能够做些什么：

- 在提问过程中为自己争取思考时间，以规划回答的结构。
- 利用我们事先组织并记忆的信息线索，从而省去临场构建回答内容的负担。

- 运用过渡语，使我们能够在各条线索之间自如转换，而不受顺序限制。
- 通过呼应问题中的语言，确保我们的回答紧扣问题。

我希望通过以上做法能够做到精准回答。我在这里是以面试情境为例。在这种情境中，你绝对希望直接回答问题，否则评分会受影响。不过，也有一些情境，无论你是否被问及，你可能都希望确保自己讲出些什么。到目前为止，我们所做的一切都会对我们有帮助，接下来要介绍的几种技巧同样如此。

说出你想说的话

让我们回到2002年那场培训课程。正如你所记得的那样，当时那场培训所传达的核心信息是：无论你被问到什么问题，你都有各种办法来说出你想说的话，而且——我必须强调的是——不会显得无礼。问题在于：有时候，我们掌握一些重要信息——无论是对于我们自己还是对于听众而言都很重要——但提问者往往（并非出于他们的过错）并没有给我们一个合适的切入点来讲出这些内容。你也可能会被问到一个你其实并没太多可说的问题，但你又想借这个机会谈谈其他你有话可说的话题。我经常遇到这种情况，我相信你也一样。

此类情形通常有两种形式——一种是，对方提出的问题略微绕开了你想要谈论的话题；另一种是，所提问题与你想谈论的话题毫无关联。在这两种情形中，我们都希望将话题引入我们所擅长的领域，并优先传达我们所掌握的最有价值的信息。

接下来，我们逐一探讨这两种情形。

◎ 略微绕开你想要谈论话题的问题

只要你被问到一个问题，你都应尽量回答。接下来，你需要决定回答多久。假设我们正在参加一场出版业会议，有人问了我们一个关于销售的问题，但实际上你更想谈谈营销。正如前文所述，当问题向你抛来时，你要立刻确定切入点。在听到“销售”这个词的瞬间，你会马上调取与之相关的线索。但你也认为这是一个谈谈营销的好机会，于是决定调用两条与之相关的线索来回答。

“是的，今年的销售走势颇具看点，整体趋势也令人振奋……”然后你开始展开与之相关的线索。

“我还想说的是，我们确信销售表现的提升与我们在营销上的投入密不可分。例如……”然后你讲出其中一条与之相关的线索。

“这是我们营销推广的一个方面——另一个方面是……”然后你讲出另一条与之相关的线索。

“我们在营销上的投入，确实对去年销售表现的提升起了很大作用。”然后你再把回答拉回到你被问到的问题上。

换言之，你可以从被问到的问题切入——迂回一下，但在某种程度上还与该问题有关——然后再回到该问题上。这样做的考量在于，尽管听众可能会注意到你绕了个弯子，但他们不会介意，因为你所说的内容让他们觉得相关且有吸引力。

◎ 你不想回答的问题

还有一类更极端的情况，即有人问你一个你认为不相关的问题，或者在你回答完之前你还有其他特别想说的内容。或者，也许你根本不想回答被问到的问题。

我们分别来看这些情况。

如果你被问到一个问题，而你认为这个问题没有意义，那么直接指出这一点是不礼貌的。同样，你希望尽快转到更有意义的领域。为此，你可以简单地回答这个问题，然后说："这是其中一个问题。另一个我想提及的问题是……"

假设你在参加一个会议，时间很紧张，有人问你接下来要去哪个分会场。这个问题本身并无不妥，但你有更多信息希望能一并传达。你可以这样说：

"我想我会去A厅参加关于播客的会议。那里的讨论议题看起来很不错。在我们结束之前，我能否简单提一下……"

接下来是那些你不想回答的问题。我在接受媒体采访时，经常会遇到这种情况。记者们很合理地希望听一听我对公司现状，或其在某个重大问题上所持立场的看法。但作为一名公司的新闻主持人，这其实不是我该谈论的话题。"我不确定我是最适合回答这个问题的人。"我会这样说，然后把话题转到我能自如表达的领域。

所有这类情况都可以运用我所说的"脱身语"来应对。这是一种简单快速的话语形式，能够将话题引向你希望展开的方向。

如果运用不当，这些脱身语可能会显得粗鲁且笨拙。而如果运用得当，它们就会显得尊重、得体且合理。通常，听你说话的人愿意听听你要说什么，他们并不介意你稍微转移话题。事实上，如果他们问了一个蹩脚的问题，他们可能会感激你重新引导话题。

我要补充一点，对于各种蹩脚的问题，我了如指掌。在我的职业生涯中，我肯定问过成千上万这样的问题。我也从那些擅长运用"脱身语”的高手——我采访过的记者们那里学会了如何应对各种蹩脚的问题。

◎ 脱身语和坏问题

“脱身语”所起的作用，与我们前面讲到的“衔接语”或“过渡语”类似。它们可以帮助你从一个话题自然过渡到另一个话题。不过，不同之处在于：使用脱身语时，你是从一个你不愿意谈论的话题，转向一个你愿意谈论的话题。

我的一些同事对此驾轻就熟，有时你甚至都没有意识到他们已经完成了话题转移。他们可以把你的注意力从一个质量不高的问题转移到更重要的话题上。即便你察觉到他们在转移话题，他们也总是做得自然得体、理由充分，不会让你产生反感。

我印象最深的一次是在几年前，当时我正在和一位驻华盛顿特区的同事连线。我已经不记得我问了她什么问题，但她的回答我一直记得。

“某种程度上，确实如此。不过，罗斯，还有一点是……”不到两秒，她就从我那个显然不太高明的问题中跳脱出来，直奔更有意思的话题。她的做法完全合理。她当时需要在有限时间内讲清楚一个复杂的新闻事件，且要确保充分利用这段时间——这对她本人和观众都有好处。而且她的话题转移丝毫不显得突兀或无礼。事实上，她做得非常果断，眨眼间就完成了，几乎让你来不及反应。

我越是留意记者们在与我对话时运用这些脱身语，就越能发现它们在其他场合同样被广泛运用。无论是政界人物、商界领袖、学校领导，还是销售人员——我发现那些善于表达的人，毫无例外地都在运用这些脱身语。我开始把这些脱身语记下来，并试着用用看。以下是我收集到的一些脱身语：

- 你说得很对，这一点很重要。但同样重要的是……
- 我认为这是一个重要的问题。另一个与之相关的问题是……
- 在这一点上，我同意你的看法，但如果我们从其他角度来看……
- 这里涉及太多的因素。这是其中一个，不过也要考虑……
- 你提到这一点很有道理。我还想强调的是……
- 还有一点我要提一下……
- 我完全同意你的看法。另外……
- 是的。这只是众多问题中的一个……

如果把这种脱身语简化，它就变成了“是的，另外……”

运用这些脱身语，不仅有助于把你的讲解引向你希望展开的方向，还可以让那些你不太想回答的问题变得没那么令你畏惧。如有必要，你可以运用一句脱身语，将话题引向更安全的方向。而有一点是确定无疑的：你迟早会遇到你不想回答的问题。

回答你不知道答案的问题

我们刚刚探讨的是，如何回答那些与我们想要谈论的话题不相符的问题。这与那种因为根本不知道答案而无法作答的情况是两回事。这是一类截然不同的问题。对此，我通常会采用几种不同的方式来应对。

◎ 坦率承认

第一种方式就是直接承认自己不知道答案。这样做的好处在于：

坦率承认自己不知道，从而避免了试图掩饰这一点可能带来的难堪。这一直是我的首选做法。

你可以用以下表达来稍微缓和一下语气：

- 说实话，这个我暂时还不清楚——但我也很想知道。我会去查一下，只是手头还没有相关信息。
- 这是个很有意思的问题，我也很想知道答案。我会去查一下。
- 这是个我很想弄清楚的细节。我会在会议结束后去确认一下，然后发给你。
- 这是我们非常想了解的一点，已经列入我们的调查清单。不过，恐怕我目前还没有相关信息。

◎ 从你不知道的转向你知道的

以下脱身语可以帮助你承认自己不知道，同时巧妙地转移话题。

- 恐怕对此我还不太清楚，但我可以告诉你的是……
- 目前，我们还没有经确认的数据。但已得到确认的是……
- 我现在还无法回答这个问题。但我知道的是……

这些表达既坦率承认了你不知道的部分，同时也能迅速帮你摆脱问题。如果你能就该问题提供其他信息，效果会更好。

- 恐怕我还没有关于这一点的具体信息可以告知。不过，关于同一问题，我们确实已经掌握了不少其他最新消息……

◎ 充分利用有限信息

如果你对被问到的问题只掌握了少量信息，而你又不想给出一个显得苍白无力的回答，那就试着充分利用你所掌握的信息。

你可以先为自己争取一些时间。在正式回答问题之前，适当铺垫一下。

你提到这个问题很有意思。很多人也提出了类似的疑问——显然，这个话题引起了广泛关注。关于具体细节……

此类表达可以为你争取一些喘息时间，让你在厘清自己所掌握的信息有多么有限时，有机会组织出一个像样的回答。然后，如果你只有两点可讲，那就把它们讲出来，尽可能围绕它们展开，让每一点都显得有分量——然后就此打住。

首先，我们知道这方面的政策已经更新了。这次更新引起了广泛关注。**已经决定将对X进行调整**。我们还需要等待，看看这可能会产生怎样的影响。

其次，我们被告知这项政策是在**地方层面而非全国层面**进行的调整。我们将密切关注，看看国家有关部门是否会做出回应。

此外，这一政策更新才刚刚发生，所以还有很多问题有待解答。

加粗的表述是回答中仅有的两个信息点。其余部分则是一些辅助性表达，用以避免回答显得过于单薄，同时也表明我们希望了解更多。

以免有人误解，必须明确这并非理想的回答方式。但如果在你所处的情境中，承认自己所知有限会让你陷入难堪或对你不利，那么充分利用你所掌握的信息可能会有帮助。

不过，在大多数情境中，我更倾向于给出一个更为直接的回答。

关于此事，我们确实只掌握了两条可靠的最新消息：一是这项政策肯定会有所变动，二是这种变动属于地方层面的决策。除此之外，许多人都在寻找答案，包括我自己在内。

我总是给初次上电视的新手记者这样的建议：**如果遇到一个难以回答的问题，尽量回答，然后就此打住**。没有多少信息的简短回答，总比没有多少信息的冗长回答要好。而且一旦你就此打住，接下来通常会有一个更适合你的问题。

不管怎样，掌握一些信息总比一无所知要让人踏实得多。而通过就此打住或转移话题来摆脱这个问题，总比卡在上面要好。

从准备中汲取信心

如果你已经走到了这一步，那么你已经处于一个非常有利的位置，可以向他人做出讲解。你已经收到了很多建议。你不必每次都用上全部，但这些建议所包含的技巧，有助于你在任何情境下，始终保持高水平发挥。

更重要的是，我希望这些技巧能让你有信心去应对各种情境，无论它们多么难以预料。我也希望这些技巧有助于你缓解紧张情绪。长期以来，我一直在与紧张情绪作斗争。虽然随着经验的积累，紧张情绪会有所缓解，但至少对我来说，它始终未曾完全消失。

虽然我仍时常感到非常紧张，但经历得多了，我也逐渐知道了什么方法对我有效。

到目前为止，最重要的事情就是你已经在“七步法”中完成的——准备和练习。我希望你能从已完成的工作中获得极大的信心。但是，当我在压力之下进行讲解时，我也会牢记其他一些的心得。

第一条心得：人们会希望并期待你表现出色。他们没有理由认为你会搞砸。无论你在对谁讲话，他们都不会等着看你出丑。相反，他们希望听一听你要说的话，并且希望你能说得很好。这就是他们所期望的结果。所以，你应该假设自己会表现得很好，因为他们也是这样假设的！

第二条心得：排除一切干扰，只专注于讲话的对象。毕竟，任何人际互动都是发生在参与者之间的。如果可能的话，周围的环境当然值得去适应，但在临场状态中，尽量不要去关注周围的环境。

每当有嘉宾来上节目，看到他们紧张时，我都会说："别担心这些东西"——指着摄像机和灯光——"我们就像平常那样聊就行。"只要他们能把这当作我们两个人之间的对话，整个过程对他们来说会轻松很多。

如果我是在唐宁街进行直播，我也会对自己说同样的话。在我身旁，有无数其他主持人、记者、制作人、摄像师和摄影师。在我身后，人们正从那扇著名的黑门进进出出，街边有警察守在门口。如果这是一个重要的政治时刻，你真的能感受到全英国的人都在看着。这很容易让你乱了方寸。为了让自己不受影响，我会退回到熟悉的状态——对着一米开外的摄像机讲话。我对着同一个镜头已经讲了成千上万次。我努力让自己觉得一如往常对着摄像机讲话。对主持人来说，这就像给马戴上眼罩一样，可以让我们隔绝干扰，专注于当前任务。

或者，换一种方式来说明这一点——前几天，我参加了一场新闻界的会议，该会议讨论的是我们的讲解视频。我能感觉到紧张情绪开始袭来。我试着平复这种紧张情绪，每当有人提问，我都努力像在走廊里跟他们闲聊那样回答。我又一次尽量让一个不寻常的情境变得平常。

最出色的信息传达者，往往是在最为反常的境遇中，依然做自己的人。

第三条心得：当你做好了准备，尽你所能去做就够了。有时，在压力之下，我们会觉得自己必须表现得不一样，必须更出色，必须成为那个“更好的自己”。这种想法绝对不可取。我一次又一次地看到人们逼迫自己突破舒服区，超越真实的自己，但结果往往并没有让他们的表达或讲解变得更好。如果你做好了准备，那么无论是你所期待的，还是那些可能出乎意料的情况，你都会从容应对。

意料之外，情理之中

多年来，我做了大量电视和广播主持培训，我们总是会花时间探讨当情况开始不妙时该如何应对。新主持人自然希望避免在直播中遭遇尴尬，而他们的主管则希望确保新员工能够顺利维持节目的正常进行。所有人都明白，直播节目中出状况是迟早的事，而不是会不会出的问题。

我最紧张的一次直播经历之一，是在2010年世界杯期间，从约翰内斯堡的一处屋顶进行电视直播连线——当时，我的耳返完全无法使用。就在节目开始前几秒，耳返突然失灵了。于是，每当世界各地的嘉宾发言时，反应敏捷的摄像师就通过手势提示我何时有人发言，又在他们讲完时示意我接话。我根本听不到他们说了什么，却只能硬着头皮说声“谢谢”，然后接着说：“现在我们连线……”，转向下一位嘉宾。我无法多问一句——因为我完全不知道他们说了什么。那真是一次糟糕的经历。我刚进入电视行业，本就非常紧张，此时又陷入这种状况，我感觉自己的不安和慌乱在全球电视观众面前暴露无遗。我已经不记得那场直播是怎么进行下去的，但我记得自己当时的感受。耳返突然坏掉，是一个让人措手不及的意外，而我对这一突发状况的反应，影响了我当时的应对方式。

随着我变得越来越有经验，我逐渐意识到，我们常常会遇到一些情形，其中某些事情未按计划进行其实不足为奇。尽管这是一个看似不起眼的认知转变，但这在心理韧性和临场应变能力上所起的作用不容小觑。如果一切都乱了套，而你心里想着："天哪，这是怎么回事？"，那么你就不太可能保持冷静。但如果你心想："嗯，好吧，事情没按计划进行，不过没关系，我们看看还能做些什么。"，那么你的思路就会清晰得多。

刚开始做这行的时候，每当遇到这种情况，我都能感觉到自己变得紧张起来。如今我已经可以泰然处之。事情出状况和顺利进行一样，都是常态。这既源于经验、自信和准备，也与预见并接受意外紧密相关。

这不仅适用于电视直播，也同样适用于你能想到的许多情境。也许你在做演示，却发现幻灯片无法显示；也许你参加一个会议，却发现与会者中有几位是你完全没预料到会来的；又或者在一次专题讨论会上，台下突然有人向你发难——这些我都经历过。这些情况都不在原本的计划之中。但如果你预设意外随时可能发生，那么当意外真的发生时，你就不会感到措手不及，反而能更清晰地思考应对之策。

到了这个阶段，无论你是否全盘掌控自己要说的内容，你都已经准备好进行讲解了。达到这种状态会带来一种强烈的掌控感。虽然过程很艰辛，但当你建立起这种掌控感时，就不会轻易受紧张和怀疑的影响。相反，你会发现自己步伐轻快、话语坚定，表达充满目标感，同时也伴随着沉着与权威。这使你进入理想的心态，从而清晰地传达自己的想法，阐明对他人的期望与诉求。

快速检查：

- 当你想到需要谈论的各个主要话题时，是否对其中某些感到担忧?
- 你是否已将预期问题清单都过了一遍?
- 你是否从自己所做的准备中获得信心?
- 最后一个问题：你觉得自己准备好了吗?（如果你已经完成了所有这些工作，你绝对准备好了！）

现在，快速回顾一下呈现高质量动态讲解的七步法：

七步动态讲解法-快速参考

1. 设定框架
2. 收集信息
3. 提炼信息
4. 组织信息
5. 口头表达
6. 强化记忆
7. 应对提问

5 QUICK EXPLANATIONS

第五部分

快速讲解法

我们刚刚讲过的“七步讲解法”，是一套全面而系统的讲解策略，适用于各种不同的情境。

不过，也有很多时候，我们未必需要，或者并不适合采用这种面面俱到的讲解方式。你不可能在每一次讲解中都完整细致地运用“七步讲解法”。我自己肯定也不会每次都这样做。

在我们的日常生活中，简短的书面与口头互动构成了日常交流的基本组成部分。这些时刻，我们一般不会提前准备——即便准备了，也不过是临时抽出两分钟匆匆应对。这时候，我们将依靠自己已经养成的良好习惯。但即使在这些时刻，我们仍然可以助自己一臂之力。每当我与他人进行关键对话时，我都会尽一切可能理清思路，评估情境。同样，我不会特意花时间分析我发送的每一封邮件或写的每一份简短文档——根本没有时间。但我在发送简短的书面信息时，总会力求遵循一些基本要点。

快速口头讲解法

在进行任何非社交性质的对话之前，我通常会提前想清楚：我想传达什么、我想问什么，以及我想了解什么。这可能适用于各种情境，从与工作有关的简短交谈，到打电话向银行咨询问题，再到找邻居商量一件社区事务。

如果这听起来有点大费周章，那确实比我过去做的要多。但这并不像听起来那样需要很大的投入，而且这更有可能让对话达到目的。此外，这样做能在之后节省大量时间，所带来的回报远远大于投入。

我通常会快速回答以下三个问题：

1. **我想讨论哪些主题？**

这份清单通常不会很长，但我希望确保涵盖我能考虑到的所有主题。

2. **我想说什么？**

我会在清单上的每个主题下列出一些要点。同样，这可能是一个非常简短的清单。但这份清单中可能会有你想表达的某个特定观点，或者你想传达的某条特定信息。你肯定不希望事后懊悔自己当时忘了说。为了保险起见，最好把你想说的话写下来。

3. **我想问什么？**

把那些你一定要问的问题写下来。

我通常会随手拿一张纸来写下这些内容。你也可以在手机上完成。整个过程可能不到五分钟，甚至通常不到一分钟。哪怕会面或电话只提前几分钟通知，我也会尽量快速想清楚这三个问题。

我从不担心他人发现我提前准备了要说的话。在对话进行过程中，我会时不时看一眼笔记。如果我没有讲完清单上的所有内容，我就会说："在我们结束之前……"

如果出于某种原因，你不想带笔记，你可以快速使用最简单的组块化技巧（见第230页）来记住你想说的内容。

这三个问题可能看起来太过简单，似乎不值得特意去准备。但如果你在每次简短的对话或会面前都这样准备，就能避免大量后续的邮件、消息、额外沟通，以及可能的误解。这样做可以让你的对话事半功倍、富有成效。

供参考如下。

快速口头讲解法——快速参考

1. 哪些主题？
2. 哪些信息？
3. 哪些问题？

如果说以上内容属于快速的口头信息传达，那么接下来是关于书面表达的部分。

简短书面讲解法（邮件和消息）

涌向我们的信息量正在迅猛增长，背后由多种动态因素驱动。流媒体平台的激增意味着我们可以观看的电视节目大大增多。视频平台和短视频平台促使我们观看大量视频内容。播客和广播则让我们有大量音频内容可以收听。至于文字内容，更是多得惊人。

普通人每天会接触数百条基于文本的信息。正如我们之前所看到的那样（见第80页），邮件和消息的数量已经多到围绕它们的社交礼仪都发生了变化。最显著的变化在于：人们不再期待能够阅读每一条收到的信息，或一一作出回复。可能曾经有一段时间，当你发送一条消息或邮件时，还可以合理地期待对方会阅读、确认并回复。但现在，你根本不能期望这一点。

我必须补充一句，这并不是批评。这是信息过载所带来的必然结果。但要想在日常的书面交流中做出清晰的讲解，我们就必须理解并接受我们所处的环境。在这样的环境中，我们都在努力争夺注意力，无法期望他人无条件信任我们，而实用性高于一切。

你可能会觉得我有些小题大做。邮件和消息真的需要进行如此深入的分析吗？它们真的有那么重要吗？

既然我在本书中专门用一节来探讨它们，你就应该已经知道我对以上疑问的回答了。我之所以这样做，并不是因为我将邮件视为一种文体，或是因为我喜欢写邮件。真正的原因有两方面：

一方面，无论我们喜欢与否，这是我们进行大量日常信息传达的主要方式。各类机构、医院、企业、学校、体育俱乐部、航空公司，以及我们生活中的许多其他方面，都是通过这种方式向我们传达信息，反之亦然。就影响我们日常生活的信息而言，简短的书面信息传达可以说是极其重要的。另一方面，如果我们在简短的书面信息传达上做得不好，可能会浪费大量时间和精力。或者，从更积极的角度来看，如果我们从一开始就能有效地做出讲解，就可以大幅减少不必要的后续沟通。我的妻子萨拉是一名法庭法官，她非常注重信息传达的清晰性。她称之为“前期投入”。我喜欢这个说法。如果我们一开始就多加注意，那么回报自然会随之而来。

我们来举一个假设性的例子。一所学校正在为学生组织一次旅行。如果这封邮件包含了学校认为家长们需要了解的所有详细信息，并且条理清晰，那么对于大多数家长来说，这就够了。如果这封邮件并没有包含所有相关信息，或者这些信息虽然包含在邮件中，却难以查找，那么学校将收到大量来自家长的询问。这很容易带来大量原本并不需要的沟通。这对学校来说是一种成本，也可能会影响家长们对学校的印象。如果这是一家企业，那么问题就不仅仅是浪费时间所带来的成本，还可能会有业务损失或声誉受损的成本。

因此，尽管单独来看，一封邮件或一条消息似乎并没有那么重要，但每一次书面信息传达都是一个机会，不仅能有效地做出讲解，还能保护你的各种资源。

在写本书这部分时，我正在为参加一场活动而做准备，但我对活动的参与人数、参与者是谁、其他嘉宾都有谁、我们期望这场活动会取得怎样的成果，以及活动将在何种场地举行一无所知。我可以通过向活动组织者打电话来了解这些信息。但我现在已经收到了他们发来的六封邮件，内容都是关于这场活动的某个方面。因此，为了不显得我粗心大意，在打电话询问之前，我不得不仔细查看这六封邮件，看看是否遗漏了我需要了解的信息。结果发现，我并没有遗漏——这些信息根本不在邮件中。我相信，当你读到这里时，你会想到很多你所经历的类似情况：你收到了大量沟通信息，却没有得到你真正需要的信息。

好消息是，只要在信息传达的清晰性上做一些前期投入，情况就可能大为改观。这不仅能改善交流体验，大幅减少你在邮件和消息往返上的时间消耗，还能提升你的专业形象和个人声誉。前几天，我在伦敦的摄政街看到一个小伙子，他穿的T恤上写着："这次会议本可以用一封邮件解决。"我们或许可以从中获得一些启发。这句话引起了我的强烈共鸣。有效的简短书面讲解仍然可以穿透杂乱的信息，从而节省时间。不过，面对铺天盖地的信息，我们必须接受我们处于劣势这一现实，并据此调整应对策略。

我需要补充一点，我在这里给出的所有建议，针对的都是社交和家庭生活之外的信息传达。你如何给你的父母、兄弟姐妹或好友发消息，完全是你们之间的事！我所关注的是，我们如何同那些与我们存在职业或业务关系的人和机构进行交流。这不仅仅关乎邮件和消息。简短的书面信息传达也是许多传播形式的重要特征，从网站和简讯到宣传册和海报皆是如此。

哈佛大学肯尼迪政府学院的罗杰斯教授是一位行为科学家，也是有效沟通方面的专家。

说他是专家，绝不为过——恐怕全世界很少有人能像罗杰斯教授那样，花这么多时间研究我们阅读和理解简短文字信息的方式。更重要的是，罗杰斯教授还将自己的专业知识应用于改进政府向公众传达信息的方式——无论是向家长通知孩子的出勤情况，还是向成年人宣传投票事宜。我在阅读有关罗杰斯教授的资料时了解到，这一研究领域被称为“行为政策”（behavioural policy），指的是市、州或国家政府机构在向公众传达信息时所采取的策略。罗杰斯教授致力于提升这类信息传达的效果，以实现更积极的社会效应——让更多人参与投票、更多孩子按时上学、法院运作更加高效，以及公众更好地理解信息。

换句话说，政府如何更好地向公民传达信息，以造福社会？这是一种具有崇高使命的讲解。

为了回答这些至关重要的问题，罗杰斯教授进行了大量实验，运用行为科学和数据分析，深入研究哪些传达方式最有助于理解，哪些能激发最积极的回应。

我初次与罗杰斯教授交谈时，感觉就像遇到了知音。以我们各自截然不同的方式——我通过在新闻和其他工作中的反复试错来摸索，而罗杰斯教授则通过学术和系统性研究来探索——我们都在探究如何最大限度地发挥讲解与信息传达的可能性。

我对简短书面讲解的处理方法基于五点假设——其中也融入了罗杰斯教授的一些建议和研究成果，因为他的观点常常能与我的方法相辅相成。

我在写邮件时的假设

要想写出有效的简短书面讲解，我们必须先认清自己所处的环境以及成功的可能性，否则就会变得困难重重。暂且不谈家人和朋友，这些收到我的邮件或消息大概率会看的人，以下是我在开始写一封邮件时所依据的五点假设：

1. 收件人可能根本不会读。

2. 收件人可能不会读完全部内容。

3. 收件人会略读，而非细读。

4. 收件人的处理方式将完全以实用为导向。

5. 如果收件人觉得这不是专门发给他们的，他们就不太可能去读。

无论是写书、讲稿，还是写短邮件，这一做法都适用。以上五点假设可以为我们写的内容提供指引。

◎ 假设一：收件人可能根本不会读

这并不是对收件人的批评，更不是对你在他们心中重要性的反映。即使像我这样对邮件和消息非常上心的人，也有忙得顾不过来读的时候。但即便如此，在那些忙碌的日子里，我依然会选择性地阅读和回复一些邮件或消息。因此，邮件和消息之间是相互竞争的。虽然我可能并不总是有意识地想："这个先放一放，先回复那个"，但在查看收件箱和消息应用时，我们每个人都会无形中做出这样的选择。基于这一点，当我们发送邮件或消息时，我们从一开始就在争取对方的注意力。我们写下的每一句话，都需要让收件人觉得值得点开，然后值得一读。对这两点我们都不可掉以轻心。

对此，我通常采取两个做法：其一，写主题行，明确表示这封邮件要么是专门写给对方的，要么其内容与他们直接相关；其二，写开头句，点明邮件的内容。这一点尤为重要，因为一些邮件应用只显示第一行或前两行。这与我写新闻报道时所遵循的原则是一样的。

这也总是让我想到“突袭采访”——指的是记者在政客外出时，试图上前抓住机会问上几句。有时，比如在竞选活动期间，会有一大群记者和摄影师试图找到他们——而一旦我们找到了，所有人就会一拥而上。这些场面就像是新闻采访和橄榄球比赛的结合体。你必须奋力争取一个好位置，然后在那一刻，你需要一句开场白，恰到好处地传达关键信息，以吸引对方的注意力，让他们愿意回应你。你正在与许多同样在大声提问的人竞争，而你只有一句简短的话来让你争取到的好位置发挥作用。我对待邮件的方式也是如此！

理想情况下，开头句需要明确交代这条消息是关于什么的。我会省去“希望你一切安好”或“希望你最近不太忙”之类的客套语，而是直奔主题。例如：

嗨，乔。我有四个问题希望你能帮我解答。

嗨，乔。这是关于下周旅行的最新消息，包含了所有相关信息。

嗨，乔。这是你要的关于下周会议的详细信息，我还有一个疑问希望你能帮我解答。

在本书开头引用的芬克和罗杰斯教授于2020年发表的文章中，他们写道：“如果一条信息的目的不够一目了然，收件人就必须分配更多有限的时间去阅读和理解它。这样一来，他们很可能就会索性不去读，转而关注下一个争夺他们注意力的事项。”

当我与罗杰斯教授交谈时，我告诉他我习惯在第一句话就说出我要做什么。

“你知道BLUF吗？”他问道。我不知道。“这是美军用语，意思是‘开门见山’（Bottom Line Up Front）。”

我难以置信地笑了。我简直不敢相信，自己一直在思考这个问题，却从未听说过这个说法。

不用说，从那以后，我一直都在使用BLUF。

不过，此处有一个需要注意的地方。在那些习惯于直截了当沟通的工作关系中，这种方法尤为奏效。但并非所有书面互动都属于这一类。如果你对某人不熟悉，或者完全不认识，那么先介绍自己并说明写信的原因可能是得体的。我们不希望太过直接以致冒犯对方。有时，我会这样写："希望你不介意我突然发消息给你"、"很高兴之前能与你短暂会面"或"想请教你一个问题，不知是否方便"。虽然这会稍微延迟交代你发邮件的目的，但如果能把语气拿捏得恰到好处，那么这样做是值得的。

话虽如此，对于像邮件这样的简短书面信息传达，请记住，这并不是在餐厅里的友好闲聊，也不是写给老朋友的信。恐怕这里没有浪漫可言。这纯粹是实用性的信息传达，你一开始就把内容写得越有帮助、越清晰，对方就越有可能理解邮件的目的，然后继续读下去。

◎ 假设二：收件人可能不会读完全部内容

同样，这里并没有评判的意思。我也不会读完每一封我点开的邮件。但如果我发邮件，显然我希望对方能够通读，为此我会采取一些做法。你会注意到，这些做法与我们之前处理更复杂的讲解时所采用的方式颇为相似。

尽可能缩短邮件内容

这似乎显而易见，但我每天都会收到那些冗长啰唆的邮件。光是读这类邮件就让人感到头疼，当然，有时我干脆不读。

罗杰斯教授做过实验，他删除邮件中的部分文字，有时甚至是随机删除，结果回复率提升了。

在一次实验中，他将邮件的字数删减2/3，回复率竟提升了80%。

这是一个简单而强大的等式：内容越短，人们就越有可能阅读并回复。虽然缩短内容有时会更难，但为了提高回复率，这种努力是值得的。

◎ 假设三：收件人会略读，而非细读

我们都会略读消息。通常，我们急切地扫视全文，以寻找我们想要的信息。坦白说，我们只想要这些信息。与其对抗这一点，不如让我们的邮件易于略读。方法如下：

使用短段落

我指的是非常简短的段落。许多邮件在第一关就失败了——大段文字过多，收件人一看就直接关闭了邮件。此类邮件对收件人的要求太高了。在我们当中有人为“如今没人愿意读长内容”而感到沮丧之前，有一点需要澄清：事实并非如此。我们不仅有能力，也确实愿意阅读长内容。但绝大多数邮件是为了信息交换，而非娱乐或自我提升。因此，我们读邮件的动力并非出于情感或兴趣，而是基于完成任务。我们希望尽快、尽可能简单地获取信息。

短段落非常有助于实现这一点。每条信息周围的空白区域使其更易于阅读和理解。

在2021年的一次演讲中，罗杰斯教授探讨了这一点。他提到自己曾给一些家长发消息。第一部分写着“感谢参与”，第二部分则请求

他们填写一份调查问卷。而给另一些家长发的消息则被拆分为两条消息，请求部分单独发送，而不是放在原消息的后半部分。结果，拆分发送后的回复率提升了15%。

给重要信息留出独立空间，会产生明显效果。客套语虽然显得礼貌，却可能成为获取关键信息的障碍。若能将其放在最后，那就再好不过了。

使用排版

除了使用短段落以外，你还可以使用标题和加粗来告诉对方每个段落中包含什么内容。示例如下：

嗨，普里。有三件事的最新情况要告诉你。

1. 下周会议的详细信息

会议将于下周二下午4:30在3号房间举行。我会在下周一把议程发给你。你不需要做任何准备。

2. 关于上周产品发布的新数据

这些数据明天能出来。我需要一天时间处理，然后会发给你和山姆。目前没有尚未处理的数据。

3.与山姆沟通的建议

我想问问山姆关于推迟削减预算的事。我应该在下周的会议上提出，还是在会前提出？

排版要慎用，切忌滥用。如果你的邮件中到处都是加粗和不同颜色的文字，那么效果不仅会大打折扣，还会带来其他风险。

正如罗杰斯教授告诉我的：“不要想当然地以为突出显示是善意

的。这往往可能让收件人忽略其他内容。”我从未想过突出显示会是“恶意的”！但这样做本身当然是正确的。关键在于，如果你对某些信息过度强调，收件人可能会认为其余内容并不重要。

不一定每句话都要写得完整

不管出于什么原因，我们日常的书面信息传达大多局限于使用句子，而且是大量句子。然而，句子中的大多数词并非收件人所感兴趣的。他们感兴趣的是信息。当我们与人交谈时，不能像列分项那样讲话。那可能会有些极端！但在这种书面环境中，我们完全可以那样做。请记住，这是一种以实用为目的的信息交换。例如：

下周的比赛

出发时间：下午3点

出发地点：詹金斯路的公交站

比赛开始时间：下午4点

比赛结束时间：大约下午5点30分

比赛地点：劳埃德路劳埃德板球俱乐部

比赛费用：5英镑。请带现金

装备：如有需要，我们有供儿童使用的装备

或者，你甚至可以尝试像常见的问题解答页那样写邮件。

这些调整何时会发生？

我们还不知道。可能在9月，但具体日期会在下周确定。

这些调整需要花费多少钱？

我们已拨出50万英镑的预算。

如果我想参与，我应该联系谁？

请联系莎拉。

你们会公开宣布这件事吗？

是的。新闻稿将于周一发布。

诸如此类。这可以非常快速地让对方获取他们想要的信息。如果你能以尽可能易于略读的形式回答这些问题，那么你就更有可能讲清楚自己所做的事情。

◎ 假设四：收件人的处理方式将完全以实用为导向

回到那个穿着印有“这次会议本可以用一封邮件解决”字样T恤的小伙子，这其实就是一种信息交换。你不只是传达信息，很多时候，你也希望从他人那里获取信息。而且我通常希望从那些非常忙碌的人那里获取信息。我接触过的很多主管（无论是在公司还是其他地方）总是忙个不停——从一个会议赶往另一个会议，中间几乎没有间隔。我需要他们提供信息或做出决定，但为这些事情还不至于专门安排一次会议，而且他们也没时间去读长邮件。我会考虑到这一点，然后清楚地表达我的具体需求。我会尽可能让他们能够轻松地帮到我。用罗杰斯教授的话来说，就是“把采取行动所需的所有信息集中在一处提供”。例如：

嗨，苏珊。我有三个简短的问题。一旦收到你的答复，我就可以按照我们之前的讨论将项目推进到下一阶段。

1. 上个季度的收入符合预期。你是否同意我自行设定预算，而不必让你再次过目？

2. 你是否愿意周四下午2点与伦恩会面？仅讨论预算问题。

3. 我们现在是否可以公开谈论此事？我从媒体、市场和销售部门那里收到的信息存在出入。

◎ 假设五：如果收件人觉得这不是专门发给他们的，他们就不太可能去读

我在本书前面部分谈到过这一点。你越是能营造出“这对你有用”的感觉，收件人就越有可能参与进来。

我将以我们如何分发讲解视频为例，来说明我是如何努力做到这一点的。我首先会尽可能避免使用群发邮件。我们的讲解视频会被公司的多个部门采用，虽然并非强制要求，但每次出新的视频时，我都需要说明理由。我会分别给每个部门发邮件。我可以根据他们的需求量身定制我的提议。这样他们收到的信息对他们来说是最相关的。同时，这也表明我在用心为他们服务。发十封邮件比发一封邮件要花更多时间，但参与度会高得多，所以这是值得花时间的。

一旦我收到所有人的回复，我就会整理出一份想要下一期视频的人员名单。之后我们可能会向他们群发邮件，但我们会继续尽可能方便他们找到与自己相关的信息。这里有一个例子，如果你要给一群人发邮件，比如关于他们都要参加的一场研讨会，你可以这样做。

大家好！以下是研讨会的全部详情，其中包含了与你们各自角色有关的具体说明。

地点：礼堂

时间：下午1点至2点

观众入场时间：下午12点30分

观众人数：150人

观众构成：本科生和同事兼有

如果你是发言者……

到场时间：中午12点

你的演示文稿：请在前一天中午12点前发送

联系人：西蒙（已抄送此邮件）

如果你是技术团队成员……

到场时间：上午11点

你的通行证：请携带，否则无法入场

联系人：简（已抄送此邮件）

诸如此类。这意味着，即便收到的是一封群发邮件，收件人依然会觉得这是专门发给自己的。

我做的这份内容，其实和剧院、电视或会议活动中常见的“通告单”差不多。但我认为这种方法的应用范围应不限于活动或制作的组织工作。你把信息提炼得越清晰，呈现得越有条理，对问题的回答越到位，让你的讲解越具有实用性，人们就越有可能去阅读并理解它。同样重要的是，你还能减少那些未解答的疑问所带来的额外沟通。

也许存在更具吸引力的讲解方式，但真正能如此深刻地影响我们生活的，并不多见。无论好坏，这就是我们当下大部分日常信息传达的方式。我们都需要以这种方式做好讲解，因为很多时候并没有简单的替代方案。如果我们能做到这一点，不仅可以节省时间，还能提高回复的可能性，让对方更容易理解你的意图，并对你产生好感——因为你通过清晰的信息传达为他们节省了时间。

“没人像我一样在意我的邮件”

罗杰斯教授的研究，与我过去二十多年来思考的许多问题都密切相关。他有两个说法，在进行任何简短书面信息传达（尤其是发邮件）时都极其宝贵。其一，就是小节标题中这句："没人像我一样在意我的邮件。"这真是一句大实话，说得一针见血，实际上，这适用于你所提供的任何讲解。就像我制作视频时会假设没人会看一样，对于简短的书面信息传达，一个合理的假设是对方不会去读。一旦你做出了这样的假设，你就可以努力确保不出现这种情况。

其二，是他用来形容长邮件的一个表述，他称之为"沉重的税"。我同样喜欢这个说法。我一直认为长邮件是信息传达低效的体现——发件人因未能有效传达信息而吃亏。但我从未想过长邮件其实也给收件人增加了负担，占用了他们的时间。如今，每收到一封长邮件，我都会想起他所说的"沉重的税"。

短邮件之所以好，不只是出于自利的考虑——它对所有人都有益。就像所有清晰明了的简短书面信息传达一样，这既有益于发件人，也方便收件人。简短的书面信息传达的直接任务是信息交换，但除此之外，还可能带来无数的行动和结果，如果没有最初的信息传达发挥作用，这些可能都不会发生。每天，我们传达信息的方式，决定了我们开启或关闭多少可能性。

简短书面讲解法——快速参考

1. 开头句是否点明了写信的目的?
2. 消息是否已尽可能简洁?
3. 排版是否便于收件人抓取重点?
4. 是否便于收件人及时回复?
5. 是否解答了收件人可能关心的问题?

结　语

讲解的艺术

几个月前，纽约克雷格·纽马克新闻学院（Craig Newmark Graduate School of Journalism）的杰夫·贾维斯（Jeff Jarvis）教授十分客气地在推特上写道："罗斯·阿特金斯已经把'讲解'打磨成了一门精湛的艺术。"当然，除了感到受宠若惊之外，有一个词引起了我的注意——"打磨"。因为，正如我希望本书已经传达出来的那样，讲解是一种涉及许多方面的活动。它会随着情境的变化，以及你对所需条件的敏感程度，而不断演变与调整。对我而言，高质量讲解的某些方面始终需要配套的流程来支持。我在这里所讲的很多技巧，我每天都在运用。随着时间的推移，我运用这些技巧的速度与信心不断提升，其中一些已经成为我熟练掌握的习惯。但是，我不会仅仅凭直觉行事。对我而言，严格按照步骤和清单来操作仍然是必要的。这有助于让高质量讲解的所有要素尽可能协调一致。讲解是一门艺术——但这门艺术需要下功夫，需要不断打磨。

至于如何打磨取决于你自己。就像烹饪指南一样，你不会在购买后的一周内尝试书中的所有菜谱。同样，我希望本书能为你提供一系列的起点。

或许你可以从日常信息传达方式中选择一个方面，看看是否可以从那里开始。这个方面可能是你发邮件的方式、与同事们开会的方式，抑或与客户交流的方式。或者，也许你即将迎来一个重要时刻——比如一次演示、一次面试，或者要写一篇论文——你可以借此来尝试完整运用七步法。而且就像学习任何新事物一样，每一次运用都会让你越来越顺手，效果也会越来越好。

把讲解做好会带来一种兴奋感。一方面，这种兴奋感来自掌控复杂信息，以及在不可预知的环境中，找到方法来处理和塑造信息的成就感；另一方面，这种兴奋感来自触及事物本质的纯粹喜悦——知道自己真正想表达什么，也清楚该如何表达。但如果说有兴奋感，那么在意识到我们所说的话中有多少会破坏我们想要达成的目的时，我们也会感到震惊。一旦你看到并感受到这一点，就很难忘记。

我们的生活在某种程度上是由我们所传达的信息、寻求的信息和接收的信息所塑造的，也受到与家人、朋友、同事、官员以及许多其他人互动的影响。我们的讲解方式能影响这一切。它能让我们的生活变得更好，也能让他人因之受益。它能创造出那些在信息未被清晰传达时常被浪费的时间与空间。它能帮助我们理解并传达那些令人倍感压力、难以掌控的主题。它能让我们在复杂多变且令人畏惧的情境中，自信而清晰地表达。它能带来成功与改变。即使未能如此，我们至少知道自己已经尽力了。还是那句话，高质量的讲解能为我们争取最大的可能性。对我而言，这就已经足够了。

在撰写本书的时候，我给艾伦打了电话。我告诉他，我从他的培训视频中学到了多少东西，我们还交流了为何我们都对这一切如此着迷。为何要花费这么多时间琢磨我们究竟该说什么以及该怎么说？

“这就像擦窗户，”艾伦若有所思地说，“虽然透过脏污的窗户也能看到一些东西，但如果你把窗户擦干净，你会看得清楚得多。”

“我打算用这句话。”我开玩笑地对他说。于是我真的用了。因为这就是本书的主旨，也是讲解之所以重要的原因。我们都可以在不关注自己如何传达信息的情况下应付过去，而一旦我们开始予以关注，各种可能性就会展现在我们面前。“擦窗户”意味着我们能看清外面的世界，而世界也能看清我们。一旦你开始这样做，就再也不会回到过去的状态。

致 谢

读完这本书之后，你会理解我对于寻求建议的热忱。因此，尽管书中我感谢并提及了许多人，我深知仍有许多值得我感激的人。不过，也有一些人，若没有他们，我就不会有这本书来写下这些致谢之词，我想在此提及他们。

在中学时，我的英文老师约翰·斯科特（John Scott）和历史老师简·雷恩博（Jane Rainbow）都让我对思考我们如何获取、组织以及传达信息产生了浓厚的兴趣。在大学期间也是如此，我的学业得到了富有启发性的历史学家基思·赖特森（Keith Wrightson）教授的指导。

更近些时候，在英国广播公司工作期间，我非常感谢多位编辑，包括莉兹·科宾（Liz Corbin）、莉兹·吉本斯（Liz Gibbons）、杰丝·布拉玛（Jess Brammar）、多米尼克·鲍尔（Dominic Ball）和芬洛·尼尔森·罗勒（Finlo Nelson Rohrer）。同样感谢与我合作，共同探讨如何更好地讲解新闻的制作人们：迈克尔·考克斯、玛丽·富勒、安德鲁·布赖森、哈丽雅特·雷德利（Harriet Ridley）、布莱奥妮·索登（Briony Sowden）、考特尼·贝姆布里奇（Courtney Bembridge）、本·托比亚斯（Ben Tobias）、伊莱莎·克拉斯顿（Eliza

Craston)、凯瑟琳·卡雷利(Catherine Karelli)、艾琳·邓肯(Ellyn Duncan)、汤姆·布拉达、杰克·基尔布赖德(Jack Kilbride)和丽贝卡·贝利。我走到今天离不开他们的支持。同样重要的还有我三位最亲爱的同事:西蒙·皮克斯(Simon Peeks)、菲奥娜·克拉克克(Fiona Crack)和努拉·麦戈文(Nuala McGovern)。每当我筹划新方案时,他们总会接到我的电话,而我也因此变得更加出色。我的朋友薇薇安·席勒和我的经纪人米兰达·查德威克(Miranda Chadwick)也是如此。

至于这本书本身,我要感谢伦敦商学院的阿尼塔·拉坦(Aneeta Rattan)博士和哈佛大学肯尼迪学院的西里·奇拉齐(Siri Chilazi),是她们建议我可以写点什么,而在此之前我根本没动过写书的念头。还要感谢我的朋友维多利亚·摩尔(Victoria Moore),当我决定尝试一下的时候,我给她打了电话,也要感谢格兰塔出版社的劳拉·巴伯(Laura Barber)给予的宝贵建议。在整个撰写过程中,许多人慷慨地帮助我摸索前行。

在野火(Wildfire)出版公司才华横溢的团队中,尤其是出版总监亚历克斯·克拉克(Alex Clarke)和一直非常耐心的编辑琳赛·戴维斯(Lindsay Davies),他们始终让我感到无比安心。还要感谢我的文学经纪人威尔·弗朗西斯,他从头到尾专业地引导我度过了这段全新的经历。

我还要感谢我的朋友、前同事乔纳森·耶鲁沙尔米,他审读了本书的初稿。我的母亲和姐姐伊斯梅审读了书稿的后续版本,她们连同我的父亲和妹妹珍妮,一直在支持和鼓励我。他们不仅帮助我把书写得更好,同样重要的是,他们还帮助我完成了这本书。

最后,我要感谢受这本书影响最大的三个人。在全职工作的同时完成这本书，不可避免地会对家庭生活产生影响。我的两个女儿爱丽丝和埃丝特，可能已经记不清我说过多少次“我很乐意，但我必须继续写书。”而现在，我终于可以享受能够更少顾虑地说“我很乐意”了。

还有我的妻子萨拉，她不仅在我不堪重负时为我分担压力，并且在我需要的时候提供了建议、鼓励、视角，以及一些关于讲解非常好的想法。可以说，没有她的帮助，我无法完成这本书。我希望，如果说我在撰写本书过程中成功传达了什么，那就是我对她深深的感激之情。

罗斯 · 阿特金斯

2023年9月